www.ingramcontent.com/pod-product-compliance
Lightning Source LLC
LaVergne TN
LVHW010320070526
838199LV00065B/5623

ترجمہ اشرفی

(مصنف کی ہی کتاب 'سید التفاسیر' میں شامل ترجمہ قرآن مجید)

حصہ ۲، سورۃ الانعام تا ہود

سید محمد مدنی اشرفی جیلانی

جمع و ترتیب: اعجاز جبید، محمد عظیم الدین

© Taemeer Publications LLC
Tarjuma Ashrafi (Quran Urdu Translation) - Part:2
by: Syed Mohammed Madani Ashrafi
Edition: November '2024
Publisher :
Taemeer Publications LLC (Michigan, USA / Hyderabad, India)

ISBN 978-93-5872-846-0

مترجم یا مرتب یا ناشر کی پیشگی اجازت کے بغیر اس کتاب کا کوئی بھی حصہ کسی بھی شکل میں بشمول ویب سائٹ پر اَپ لوڈنگ کے لیے استعمال نہ کیا جائے۔ نیز اس کتاب پر کسی بھی قسم کے تنازع کو نمٹانے کا اختیار صرف حیدرآباد (تلنگانہ) کی عدلیہ کو ہو گا۔

© تعمیر پبلی کیشنز

کتاب	:	ترجمہ اشرفی (سورہ الانعام تا ہود)
مترجم	:	سید محمد مدنی اشرفی جیلانی
جمع و ترتیب	:	اعجاز عبید، محمد عظیم الدین
صنف	:	ترجمہ قرآن
ناشر	:	تعمیر پبلی کیشنز (حیدرآباد، انڈیا)
سالِ اشاعت	:	۲۰۲۴ء
صفحات	:	۲۱۴

فہرست

۶۔ سورۃ الأنعام........................1

۷۔ سورۃ الأعراف........................45

۸۔ سورۃ الأنفال........................95

۹۔ سورۃ التوبہ........................114

۱۰۔ سورۃ یونس........................150

۱۱۔ سورۃ ہود........................177

٦۔ سورۃ الأنعام

نام سے اللہ کے بڑا مہربان بخشنے والا O

ا. ساری خوبیاں اللہ کے لئے جس نے پیدا فرمایا آسمانوں اور
اور زمین کو اور بنایا تاریکیوں اور روشنی کو۔۔۔ پھر جنھوں نے کفر کیا،
اپنے پروردگار کا برابر قرار دیتے ہیں۔ O
۲. وہ ہے جس نے پیدا کیا تم کو مٹی سے، پھر فیصلہ کیا ایک میعاد
مقرر کا۔ اور ایک نامزد کیا وعدہ اس کے یہاں ہے، پھر تم لوگ شک
کرتے ہو۔ O

۳۔ اور وہی اللہ ہے سارے آسمانوں اور زمین میں۔ جانے تمہارے چھپے کو اور تمہارے ظاہر کو، اور جانے جو تم کماؤ۔ O

۴۔ اور نہ آئی ان کے پاس کوئی نشانی ان کے پروردگار کی نشانیوں سے، مگر ہو گئے اس سے روگرداں۔ O

۵۔ تو بیشک انھوں نے جھٹلایا حق کو جب ان کے پاس آیا۔ تو جلد آ رہی ہیں ان کے پاس خبریں جس سے ہنسی کر رہے تھے۔ O

۶۔ کیا انھوں نے نہیں دیکھا کہ ہلاک دئیے ہم نے ان سے پہلے ایسوں کو، جنہیں ہم نے اتنا مضبوط کر دیا تھا زمین میں جو تم کو نہ کیا، اور بھیجا ان پر خوب برستا بادل، اور ہم نہریں کر دیں کہ بہیں ان کے نیچے، پھر ہم نے ہلاک کر دیا ان کو ان کے گناہوں کی وجہ سے، اور اٹھائی ہم نے ان کے بعد دوسری امت۔ O

۷.　اور اگر ہم نے اتارا ہوتا تم پر کسی نوشتہ کو کاغذ میں، پھر انھوں نے اپنے ہاتھوں سے چھو لیا ہوتا، تو کہتے جو کافر ہیں، کہ یہ نہیں مگر کھلا جادو۔ O

۸.　اور بولے، کہ "کیوں نہیں اتارا گیا اس پر کوئی فرشتہ"۔ اور اگر ہم اتار دیتے فرشتہ، تو کام ختم ہو گیا ہوتا۔ پھر ان کو مہلت نہ دی جاتی۔ O

۹.　اور اگر ہم بناتے نبی فرشتہ کو، تو بناتے اسے مرد، اور ضرور ان کو اسی شبہ میں رکھتے جس میں ہیں۔ O

۱۰.　اور بیشک ٹھٹھا کیا گیا تم سے پہلے کے رسولوں کے ساتھ۔ تو اتری انھیں پر جنھوں نے ہنسی کی تھی ان کی ہنسی کہو، O

۱۱.　کہ "زمین میں گھومو! پھر دیکھو کہ کیا انجام ہوا جھٹلانے والوں کا"۔ O

۱۲. کہہ دو، کہ "کس کا ہے جو کچھ آسمانوں اور زمین میں ہے؟" کہو اللہ کا۔ قرار دے لیا اپنے کرم پر رحمت کو۔ تا کہ اکٹھا کرے تم روزِ قیامت، اس میں کوئی شک نہیں ہے۔ جنھوں نے گھاٹا کیا اپنے ساتھ، تو وہ نہیں مانتے۔ (کہہ دو کہ کس کا ہے جو کچھ آسمانوں اور زمین میں ہے)۔ O

۱۳. اور اسی کا ہے جو کچھ بسا رات اور دن میں۔ اور وہ سننے والا جاننے والا ہے۔ O

۱۴. کہہ دو "کیا اللہ کے سوا دوسرے کو معبود بنا لوں؟" پیدا کرنے والا آسمانوں اور زمین کا، اور وہ کھلاتا ہے اور کھلائے جانے سے پاک ہے۔ کہہ دو، کہ "بیشک مجھ کو حکم دیا گیا ہے کہ پہلا مسلمان ہونا، اور مشرکوں سے نہ ہونا"۔ O

۱۵. کہہ دو، کہ "بیشک میں تو ڈروں" اگر نافرمانی کی ہوتی اپنے پروردگار کی بڑے دن کے عذاب کو۔ O

۱۶. جس سے پھیر دیا جائے عذاب اس دن، تو بیشک رحم فرما دیا
اس پر۔ اور یہ کھلی کامیابی ہے۔ O

۱۷. اور اگر تمہیں نقصان پہنچا دے، تو کوئی اس کا ہٹانے والا
نہیں ہے، بجز اس کے۔ اور اگر بھلائی پہنچا دے، تو وہ چاہے پر قادر
ہے۔ O

۱۸. اور وہ زبردست ہے اپنے بندوں پر۔ اور وہ حکمت والا
خبردار ہے۔ O

۱۹. کہہ دو کہ ''سب سے بڑا گواہ کون؟'' کہو، کہ 'اللہ'۔۔۔ گواہ
ہے، ہمارے تمہارے درمیان۔۔ اور میری طرف وحی کیا گیا ہے
یہ قرآن، تاکہ تم کو اس سے ڈراؤں اور جس جس کو پہنچے۔ کیا تم گواہی
دیتے ہو، کہ اللہ کا شریک دوسرے معبود لوگ ہیں؟ کہو کہ میں تو گواہی
نہیں دیتا۔ کہہ دو کہ اللہ صرف ایک معبود ہے۔ اور بیشک میں بیزار
ہوں جن کو شریک بناتے ہو۔ O

۲۰. جن کو دے رکھی ہے ہم نے کتاب، پہچانتے ہیں اس نبی کو جیسا کہ لوگ اپنے بیٹوں کو پہچانیں۔۔۔ جنہوں نے گھاٹا کیا اپنا، تو وہ نہیں مانتے۔ O

۲۱. اور اس سے زیادہ ظالم کون، جس نے بہتان باندھا اللہ پر جھوٹ کا، اور جھٹلایا اس کی آیتوں کو۔ بیشک ظالم نجات نہ پائیں گے۔ O

۲۲. اور جس دن ہم ان سب کو اٹھا کر لائیں گے، پھر ہم کہیں گے انھیں جنہوں نے شرک کیا، کہ کہاں ہیں تمہارے شریک بنائے ہوئے جن پر گھمنڈ کرتے تھے۔ O

۲۳. پھر نہ رہ گئی ان کی کوئی شرارت، مگر یہ کہ بولے، "قسم ہے اللہ کی ہمارا پروردگار، ہم تو مشرک نہ تھے"۔ O

۲۴. دیکھو کیسا اپنے اوپر جھوٹ بولے۔ اور گم ہو گئے ان سے جو گڑھا کرتے تھے۔ O

۲۵۔ اور ان میں بعض وہ ہیں کہ کان لگائے تمہاری طرف، اور ڈال دیا ہے ہم نے ان کے دلوں پر غلاف کہ سمجھ سکیں، اور ان کے کانوں میں ڈاٹ۔ اور اگر وہ ساری نشانی دیکھ ڈالیں، تو بھی اسے نہ مانیں۔ یہاں تک کہ جب آگئے تمہارے پاس، تو بھی جھگڑتے ہیں تم سے کافر لوگ، کہتے ہیں کہ نہیں یہ قرآن، مگر پہلوں کے قصے۔ O

۲۶۔ اور وہ اس روکتے ہیں خو روکتے ہیں۔ اور نہیں ہلاک کرتے مگر اپنے آپ کو، اور پہچانتے نہیں۔ O

۲۷۔ اور اگر دیکھو جب کہ کھڑے کر دیئے گئے جہنم پر تو چیخے، اے کاش ہم دوبارہ بھیجے جائیں، اور اپنے پروردگار کی نشانیوں کو نہ جھٹلائیں، اور مسلمان ہو جائیں۔ O

۲۸۔ بلکہ ظاہر ہو گیا ان کا جو پہلے چھپاتے تھے۔ اور اگر دوبارہ بھیجے گئے، تو دوبارہ کریں گے جس سے روکے گئے، اور بیشک وہ جھوٹے ہیں۔ O

۲۹۔ اور بولے کہ نہیں ہے یہ مگر ہماری یہی دنیاوی زندگی، اور ہم اٹھائے نہ جائیں گے۔ O

۳۰۔ اور اگر دیکھوں جبکہ کھڑے کئے گئے اپنے پروردگار کے حضور، فرمایا کہ "کیا یہ حق نہیں؟" بولے "ہاں حق ہے، قسم ہے اپنے پروردگار کی"۔ فرمایا "تو چکھو عذاب! جو انکار کیا کرتے تھے"۔ O

۳۱۔ بیشک گھاٹے رہے جنہوں نے جھٹلایا اللہ سے ملنے، یہاں تک کہ جب آ گئی ان کے پاس قیامت، اچانک چلائے کہ ہائے افسوس، اس پر کہ ہم نے کوتاہی کی اس کے بارے میں، اور وہ اٹھائے ہیں اپنے بوجھ اپنی پیٹھ پر۔ اور کتنا برا بوجھ لادے ہیں۔ O

۳۲۔ اور نہیں ہے دنیاوی زندگی مگر کھیل کود۔ اور بیشک آخرت والا گھر بہتر ہے ان کے لئے جو ڈریں۔ تو کیا تم لوگ نہیں سمجھتے۔ O

۳۳.	ہم کو معلوم ہے، کہ بیشک تم کو رنج ہوتا ہے جو یہ لوگ بکتے ہیں۔ تو یقیناً یہ تم کو نہیں جھٹلاتے، لیکن ظالم لوگ اللہ کی نشانیوں کا انکار کرتے ہیں۔ O

۳۴.	اور بیشک جھٹلائے گئے رسول تم سے پہلے کے، تو سب نے صبر کیا اسپر کہ جھٹلائے گئے، اور دکھ دیئے گئے، یہاں تک کہ آ گئی ان کے پاس ہماری مدد۔ کوئی نہیں بدلنے والا اللہ کی باتوں کا، اور بیشک آچکی ہیں تمہارے پاس رسولوں کی خبریں۔ O

۳۵.	اور اگر گراں گزرا انہیں ان کا انکار، تو اگر تم از خود سکت رکھتے ہو کہ ڈھونڈھ نکالو کوئی سرنگ زمین میں، یا سیڑھی آسمان میں، پھر خود سے لے آؤ ان کے پاس کوئی نشانی۔ حالانکہ اگر اللہ چاہتا، تو سب کو ہدایت پر جمع کر دیتا۔ تو تم جاہلوں کے ساتھ مت رہو۔ O

۳۶.	بات وہی قبول کرتے ہیں جو سنتے ہیں۔۔ اور ان مرے ہوؤں کو اٹھائے گا اللہ، پھر اسی کی طرف لوٹائے جائیں گے۔ O

۳۷۔ اور سب بولے کہ کیوں نہیں اتاری گئی ان پر کوئی عذاب کی نشانی ان کے پروردگار کی طرف سے، کہہ دو کہ بیشک اللہ قادر ہے اس پر کہ اتار دے نشانی عذاب کی، لیکن ان کے زیادہ لوگ بے علم ہیں۔ O

۳۸۔ اور کوئی چرند نہیں زمین میں، اور کوئی پرند نہیں جو اپنے بازوؤں پر اڑتا ہے، مگر ایک ایک نوع تمہاری طرح۔ ہم نے نہیں چھوڑا کتاب میں کچھ، پھر اپنے پروردگار کی طرف یہ سب ہانکے جائیں گے۔ O

۳۹۔ اور جنہوں نے جھٹلایا ہماری نشانیوں کو، بہرے اور گونگے، اندھیریوں میں ہیں۔ جسے اللہ چاہے اس کی گمراہی ظاہر کر دے۔ اور جسے چاہے اس کو سیدھی راہ پر لگا دے۔ O

۴۰۔ پوچھو، کہ بتاؤ اگر آگیا تم پر اللہ کا عذاب، یا آگئی تم پر قیامت، کیا اللہ کے غیر کو پکاروگے؟ اگر سچے ہو۔ O

۴۱. بلکہ اسی اللہ کو پکاروگے، تو وہ دور کردے جس مصیبت کے
لیئے پکارتے ہو اگر چاہے، اور جن اللہ کا شریک بناتے ہو انھیں
بھول جاؤگے۔ O

۴۲. اور بیشک بھیجا رسول ہم نے امتوں کی طرف تم سے پہلے،
پھر پکڑا ہم نے ان کو خوف ناک بلا اور دردناک بیماری سے کہ وہ کہیں
گڑگڑا پڑیں O

۴۳. تو کیوں نہ جب آگیا ان پر ہمارا عذاب تو گڑگڑا اٹھے۔ لیکن
سخت ہو گئے ہیں ان کے دل اور ہنر بنا دیا ان کی نگاہ میں شیطان نے
جو دوہ عیب کرتے تھے۔ O

۴۴. پھر جب بھول ہی گئے جو نکو نصیحت کی گئی تھی، تو کھول
دیئے ہم نے ان پر ہر چیز کے دروازے، یہاں تک کہ جب خوش ہو
گئے اس سے جو دے دیا گیا انھیں، تو پکڑا ہم نے ان کو اچانک، تو
اب وہ بے آس ہیں۔ O

۴۵۔ پھر دی گئی جڑ ظالم قوم کی۔ اور ساری خوبیاں اللہ کے لئے ہے پروردگار سارے جہان کا۔ O

۴۶۔ پوچھو، کہ "یہ بتاؤ اگر لے لے اللہ تمہارے کان اور تمہاری آنکھیں اور مہر لگا دے تمہارے دلوں پر، تو کون معبود ہے اللہ کا غیر جو تمہارے لئے سب لادے؟" دیکھو کہ کس طرح سے ہم آیتیں پیش کرتے ہیں، پھر وہ لوگ روگرداں رہتے ہیں۔ O

۴۷۔ پوچھو، کہ "یہ بتاؤ کہ اگر آ پڑے اللہ کا عذاب تم پر بے بتائے، یا کھلے بند، تو کون ہلاک کیا جائے گا سوا ظالم قوم کے؟" O

۴۸۔ اور ہم نہیں بھیجتے رسولوں کو، مگر مXدہ سناتے اور ڈراتے۔ تو جو مان گیا، اور درست بن گیا، تو نہ کوئی ڈر اسے، اور نہ وہ رنجیدہ ہوں۔ O

۴۹۔ اور جنہوں نے جھٹلایا ہماری آیتیں، تو لپٹے گا انہیں عذاب، کیونکہ وہ نافرمان ہیں۔ O

۵۰۔ کہہ دو، کہ "میں تم سے نہ یہ کہوں کہ میرے ہی پاس اللہ کے خزانے ہیں، اور نہ یہ کہ میں غیب ہی جانتا ہوں، اور نہ تم سے یہ کہوں کہ میں فرشتہ ہوں۔ نہیں ہے میرا کوئی فعل و قول مگر جو وحی بھیجی گئی مجھ تک"۔ پوچھو، کہ "کیا برابر ہیں اندھے اور انکھیارے؟" تو کیا نہیں سوچتے۔ O

۵۱۔ اور ڈراؤ اس سے انہیں جو خوف کریں، کہ حشر کئے جائیں اپنے پروردگار کی طرف۔ کہ نہیں ہے اس کے سوا ان کا کوئی مددگار اور نہ سفارشی، کہ وہ پرہیزگار ہو جائیں۔ O

۵۲۔ اور نہ نکالو انہیں جو پکاریں اپنے پروردگار کو صبح و شام، طالبِ ذات ہو کر۔ نہ تم پر ان کا کچھ حساب ہے، اور تمہارا کچھ حساب ان پر ہے۔ اب ان کو نکال دو تو بیجا ہو گا۔ O

۵۳۔ اور اسی طرح ہم نے فتنہ قرار دے دیا ان میں سے ایک کو دوسرے کے لئے، تاکہ بکا کریں بکا کریں کہ یہی نادار ہیں جن پر

احسان فرمایا اللہ نے ہم میں سے۔ کیا اللہ شکر گزاروں کو نہیں جانتا؟۔ O

۵۴. اور جب آگئے تمہارے پاس وہ، جو ہماری آیتوں کو مانیں، تو کہو کہ تم پر سلام ہے۔ لکھ دیا تمہارے پروردگار نے اپنے کرم پر رحمت کو، کہ بلاشبہ جس نے تم میں سے کر لیا برا کام نادانی سے، پھر توبہ کرلی اس کے بعد، اور درست ہو گیا، تو بیشک اللہ غفور رحیم ہے۔ O

۵۵. اور اسی طرح سے ہم آیتوں کی تفصیل کرتے ہیں، اور تاکہ ظاہرہ جائے مجرم لوگوں کا طریقہ۔ O

۵۶. بتا دو کہ بیشک میں روکا گیا ہوں اس سے کہ پوجوں انہیں کہ تم جن کی دہائی دیتے ہو اللہ کو چھوڑ کر، کہہ دو، کہ "میں تمہارے خیالات کا تابع نہیں ہوں۔ کہ ایسا ہو تو میں بہک گیا، اور راہ پر نہ رہا"۔ O

۵۷.	کہو، کہ ''بیشک میں اپنے پروردگار کی روشن دلیل پر ہوں، اور تم نے اس کو جھٹلا دیا۔ میرے پاس وہ عذاب نہیں جس کی تم کو جلدی ہے''۔ حکم ہے بس اللہ کا۔ بتا دیتا ہے حق، اور بہتر فیصلہ فرمانے والا ہے۔ O

۵۸.	کہہ دو کہ ''اگر میرے پاس ہوتا وہ عذاب جس کی جلدی مچا رہے ہو، تو اپنے اور تمہارے درمیان فیصلہ کر دیا گیا ہوتا۔'' اور اللہ زیادہ جانتا ہے ظالموں کو۔ O

۵۹.	اور اسی کے پاس ہیں غیب کی کنجیاں۔ نہیں بتاتا مگر وہی۔ اور وہ جانتا ہے جو کچھ خشکی اور تری میں ہے۔ اور نہیں گرتا کوئی پتہ، مگر وہ اس کو جانتا ہے، اور نہ کوئی دانہ زمین کی اندھیریوں میں، اور نہ تر اور نہ خشک، مگر سب ایک روشن کتاب میں ہے۔ O

۶۰.	وہ ایسا ہے، کہ وفات دیتا ہے تم کو رات میں، جانتا ہے جو تم دن میں کما چکے ہو، پھر تم کو جگا اٹھاتا ہے، تاکہ پوری کر دی جائے

میعاد مقرر۔ پھر اسی کی طرف تمہارا لوٹنا ہے پھر بتا دے گا تم کو جو کر رہے تھے۔ O

۶۱۔ اور وہ زبردست ہے اپنے بندوں پر، اور بھیجتا ہے تم پر نگراں کار، یہاں تک کہ جب آ گئی تم میں سے کسی کی موت، تو عمر پوری کر دی اس کی ہمارے قاصدوں نے، اور وہ کوتاہی نہیں کرتے۔ O

۶۲۔ پھر لوٹا دئیے گئے اللہ کی طرف، ان کا حقیقی مولیٰ۔ سن رکھو کہ حکم اسی کا ہے۔۔۔ اور وہ جلد حساب فرمانے والا ہے۔ O

۶۳۔ پوچھو کہ کون نجات دیتا رہتا ہے تمہیں خشکی اور تری کے اندھیروں سے، جس سے دعا کرتے ہو گڑگڑا کر اور چپکے، کہ اگر اس بلا سے نجات دے دی، تو ہم ضرور شکر گزار ہوں گے۔ O

۶۴۔ بتا دو کہ اللہ نجات دیتا ہے تم کو اس سے ہر مصیبت سے، پھر تم شریک بناتے ہو۔ O

٦٥.	کہہ دو کہ وہ قادر ہے اس پر کہ بھیج دے تم پر عذاب، اوپر سے اور پاؤں تلے سے، یا کر دے تم کو شیعہ شیعہ، اور مزا چکھا دے ایک کو دوسرے کی لڑائی کا۔ دیکھو کہ کس طرح، طرح سے آتیں بتاتے ہیں کہ وہ سمجھ سے کام لیں۔ O

٦٦.	اور جھٹلایا اس تمہاری قوم نے حالانکہ وہ حق ہے۔ صاف کہہ دو کہ میں تمہارا ذمہ دار نہیں ہوں۔ O

٦٧.	ہر بات کا وقت ہے۔ اور جلد تم جان لو گے۔ O

٦٨.	اور جب تم دیکھ پائے ان کو، جو نکتہ چینی کریں ہماری آیتوں میں، تو منہ پھیر لو ان سے، یہاں تک کہ لگ جائیں کسی دوسری میں۔ اور اگر بھلاوا دے دے تم شیطان، تو نہ بیٹھو یاد آ جانے پر ظالم قوم کے ساتھ۔ O

٦٩.	اور ان پر جو تقویٰ شعار ہیں کچھ سوال نہیں، لیکن نصیحت کر دینا کہ وہ ڈر جائیں۔ O

۷۰.	اور انھیں چھوڑ دو جنھوں نے بنا لیا اپنا دین کھیل کود، اور دھوکہ دے دیا ان کو دنیاوی زندگی نے، اور قرآن سے نصیحت دو، کہ کوئی ہلاکت میں ڈال دیا گیا اپنے کرتوت کی وجہ سے، نہ رہ گیا اس کا بنایا ہوا اللہ کو چھوڑ کر مددگار نہ سفارشی۔ اور اگر اپنا معاوضہ میں دے سارے بدلے تو لیا نہ جائے۔ وہ ہیں جو ہلاک کر دئیے گئے اپنے کرتوتوں سے۔ ان کے لئے پینے کو کھولتا پانی اور دکھ دینے والا عذاب ہے۔ سزا ہے اس کی جو کفر کیا کرتے تھے۔ O

۷۱.	کہہ دو کہ کیا ہم دہائی دیں تمہارے، اللہ کو چھوڑ کر، بنائے کو؟ جو نہ ہمارا بنا سکیں نہ بگاڑ سکیں، اور الٹے رخ پلٹا دئیے جائیں، بعد اس کے کہ ہدایت دے دی ہم کو اللہ نے، جیسے وہ جس کو پھسلا کر کر دیا شیطانوں نے زمین میں حیرت زدہ۔ اس کے کچھ لوگ ہیں جو اسے بلا رہے ہیں ہدایت کی طرف، کہ ہمارے پاس آ جاؤ۔ کہہ دو کہ اللہ کی ہدایت ہی تو ہدایت ہے۔ اور ہمیں حکم دیا گیا، کہ ہم گردن جھکا دیں سارے جہان کے پروردگار کے لئے، O

۷۲۔ اور یہ کہ نماز قائم رکھو اور اللہ سے ڈرتے رہو۔ وہ ہے جس کی طرف تمہارا حشر کیا جائے گا۔ O

۷۳۔ وہی ہے جس نے پیدا فرمایا آسمانوں اور زمین کو بالکل ٹھیک۔ اور جس دن فرمائے گا کہ ہو جا، تو ہو جائے گا جو نہ رہا ہو گا۔۔۔ اس کی بات حق ہے۔ اور اسی کی حکومت ہے جس دن پھونکا جائے گا صور میں۔ غیب و شہادت کا جاننے والا۔ اور وہی حکمت والا خبردار ہے۔ O

۷۴۔ اور جبکہ کہا ابراہیم نے اپنے بابا آزر کو، کہ کیا بناتے ہو بتوں کو معبود؟ بیشک میری رائے میں تم اور تمہاری قوم کھلی گمراہی میں ہے۔ O

۷۵۔ اور اسی طرح دکھاتے ہیں ہم ابراہیم کو مملکت آسمانوں کی اور زمین کی، اور تاکہ چشم دید یقین کرنے والوں سے ہو جائیں۔ O

۷۶. پس جب چھا گئی ان پر رات، ایک تارہ کو دیکھا اور کہا ''ہمارا پروردگار ہے'' پھر جب وہ ڈوب گیا، کہا ''میں ڈوبنے والوں کو پسند نہیں کرتا'' O

۷۷. پھر جب دیکھا چاند کو چمکتا، کہا ''اچھا یہ ہے ہمارا پروردگار''، پھر جب ڈوب گیا، تو کہا، کہ ''بیشک اگر راہ نہ دیتا مجھ کو میرا پروردگار، تو میں ضرور گمراہ قوم سے ہو جاتا، O

۷۸. پھر جب دیکھا آفتاب کو چمکتا ہوا، کہا ''افوہ یہ ہے ہمارا پروردگار، بہت بڑا ہے''۔ پھر جب وہ ڈوب گیا، 'کہا اے قوم بیشک میں بیزار ہوں ان سے جن کو تم شریک ٹھہراتے ہو۔ O

۷۹. بیشک میں متوجہ کر چکا یکسو ہو کر، اپنے رخ کو اس کی طرف جس نے پیدا فرمایا آسمانوں کو اور زمین کو، اور میں مشرکین سے نہیں ہوں''۔ O

۸۰۔	اور حجت لڑائی ان سے ان کی قوم نے، تو کہا کہ کیا حجت بازی کرتے ہو مجھ سے اللہ کے بارے میں، حالانکہ وہ مجھے راہ دے چکا، اور میں ڈرتا ہی نہیں ان کو جن کو تم شریک ٹھہراتے ہو، مگر یہ کہ میرا پروردگار ہی کچھ چاہے۔ چھا گیا ہمارے پروردگار کا علم ہر چیز پر، تو کیا تم نصیحت نہیں حاصل کرتے؟۔ O

۸۱۔	اور کیسے ڈروں اسے جس کو تم شریک بنا لیا ہے،؟ حالانکہ تم کو ڈر نہیں لگتا کہ تم نے اللہ کا شریک اس کو بنا رکھا ہے جس کی اس نے نہیں نازل فرمائی کوئی سند۔ ''تو دو فریق میں امن کا حق دار کون ہے؟'' ''بولو'' ''اگر علم کا دعویٰ رکھتے ہو،'' O

۸۲۔	جو لوگ ایمان لائے اور نہ ملایا اپنے ایمان کو باطل کے ساتھ، وہ کہ انھیں کے لئے امن ہے اور وہی راہ پائے ہیں۔ O

۸۳. اور یہ ہماری جیتی بات ہے، جو دی تھی ہم نے ابراہیم کو ان کی قوم پر۔ ہم بلند فرماتے ہیں درجے جس کے چاہیں۔ بیشک تمہارا پروردگار حکمت والا علم والا ہے۔ O

۸۴. اور دیا ہم نے ان کو اسحٰق و یعقوب۔ سب کو راہ دی۔ اور نوح کو ہم راہ دے چکے تھے پہلے سے، اور ان کی نسل سے داؤد و سلمان و ایوب و یوسف و موسیٰ وہارون کو۔ اور اسی طرح ہم اجر دیتے ہیں مخلص بندوں کو۔ O

۸۵. اور زکریا و یحییٰ و عیسیٰ و الیاس، سب بڑی اہلیت والے ہیں O

۸۶. اور اسماعیل و الیسع و یونس و لوط۔ اور ہم نے سب کو فضیلت دی تھی دوسروں پر۔ O

۸۷. اور بعض ان کے باپ دادے اور اولاد اور بھائی لوگ، اور ہم نے انھیں مقبول بنایا اور چلا دیا ان کو سیدھی راہ پر۔ O

۸۸۔ یہ اللہ کی ہدایت ہے، کہ اس کی ہدایت فرما دے جسے چاہے اپنے بندوں سے۔ اور اگر شرک وہ کرتے، تو اکارت جاتے جوان کے اعمال تھے۔ O

۸۹۔ وہ ہیں جنھیں دی ہم نے کتاب اور حکومت اور نبوت، تو اگر انکار کر دیں اس کا یہ لوگ، تو ہم نے تیار کر رکھا ہے اس کے لئے ایسے لوگ، جو انکار کرنے والے نہیں۔ O

۹۰۔ وہ ہیں جنھیں طریقہ پر رکھا اللہ نے، تو ان کے طریقہ پر چلا کرو۔ کہہ دو کہ ہم نہیں چاہتے تم سے اس پر کوئی اجرت۔ یہ نہیں ہے مگر نصیحت سارے جہان کے لئے۔ O

۹۱۔ اور نہیں قدر کی اللہ کی جو قدر کرنے کا حق ہے، جب کہ وہ بول پڑے کہ نہیں اتارا اللہ نے کسی انسانی چہرہ والے پر کچھ۔ پوچھو کہ کس نے نازل فرمائی وہ کتاب جس کو موسیٰ لائے، نور اور ہدایت لوگوں کے لئے، بناتے رہتے ہو اس کو جدا جدا کاغذ سے ظاہر کرتے ہو اور زیادہ حصہ چھپا ڈالتے ہو۔ اور بتائی گئیں تم کو وہ باتیں، جن کو نہ تم

23

جانتے تھے نہ تمہارے باپ دادے۔ تمہیں جواب دو، کہ "اللہ" پھر انہیں چھوڑ دو کہ اپنی ہٹ دھرمی کا کھیلا کریں۔ O

۹۲۔   اور یہ کتاب ہے اس کو ہم نے نازل فرمایا، برکت والی، تصدیق کرنے والی، جو اس سے آگے تھیں، اور تاکہ ڈرا دو انسانی آبادیوں کی بنیاد کو، اور اس کے ہر جانب والوں کو، اور جو آخرت کو مانیں، وہ کو بھی مانیں، اور وہ اپنی نمازوں پر نگرانی رکھیں۔ O

۹۳۔   اور اس سے زیادہ ظالم کون؟ جو تہمت باندھے اللہ پر جھوٹ کا، یا بولا ہو کہ میری طرف وحی آئی، حالانکہ اسے کچھ وحی نہ کی گئی۔ اور جس نے ڈینگ ماری کہ بہت جلد میں نازل کئے دیتا ہوں، جیسا کہ اللہ نے نازل کیا ہے، اور اگر دیکھتے تم جب کہ یہ ظالم موت کی تلخیوں میں ہیں، اور فرشتے اپنے ہاتھ پھیلائے ہیں کہ نکالو اپنی جانیں۔ آج تم کو ذلت کا عذاب دیا جائے گا، جو بکا کرتے تھے اللہ پر ناحق۔ اور اس کی آیتوں سے شیخی مارتے تھے۔ O

۹۴۔   او بیشک تم لوگ آئے ہمارے پاس علیحدہ علیحدہ،جس طرح سے کہ پیدا فرمایا تھا ہم نے پہلی بار۔ اور چھوڑ آئے جو ہم نے پونجی تم کو دی تھی اپنے پیٹھ پیچھے۔ اور نظر نہیں آتے تمہارے ساتھ تمہارے وہ سفارشی، جن کو تم نے سمجھ رکھا تھا کہ وہ تمہارے حق میں اللہ کے شریک ہیں۔ بیشک کٹ گئے آپس میں اور کھو گیا تم سے جو دعویٰ کرتے تھے۔ O

۹۵۔   بیشک اللہ ہے پھاڑنے والا تخم اور گٹھلی کا۔ وہ نکالے زندہ کو مردہ سے، اور نکالنے والا ہے مردہ کو زندہ سے۔ یہ ہے تمہارا اللہ، تو کہاں منہ کے بل گرتے ہو۔ O

۹۶۔   پھاڑ کر صبح کو لانے والا، اور بنا دیا رات کو وقت سکون۔ اور سورج اور چاند کو وقت کا حساب۔ یہ باندھا ہوا ہے غلبہ والے علم والے کا۔ O

۹۷.	اور وہی ہے جس بنایا تمہارے لئے ستاروں کو کہ راہ پاؤ اس سے اندھیریوں میں، خشکی اور تری کی۔ ہم نے تفصیل کردی نشانیوں کی ان کے لئے جو علم رکھتے ہوں۔ O

۹۸.	اور وہی ہے جس نے پیدا فرمایا تم کو ایک جان سے، تو جائے قیام بھی ہے اور محل وداع بھی۔ بیشک تفصیل فرما دی ہم نے آیتوں کی ان کے لئے جو سمجھیں۔ O

۹۹.	وہی جس نے برسایا آسمان سے پانی، پھر نکالا ہم نے اس سے ہر قسم کے پودے، پھر نکالا ہم نے اس سے ہرا بھرا، جس سے ہم نکالتے ہیں دانے تلے اوپر تلے۔ اور کھجور کے گابھے سے گچھے لپٹے ہوئے، اور باغ، انگور اور زیتون اور انار کے، کسی بات میں یکساں اور کسی میں جدا۔ تم لوگ دیکھو پھل کو جب پھلے اور اس کا پکنا۔ بیشک اس میں نشانیاں ہیں ان کے لئے جو مانیں۔ O

۱۰۰.	اور بنا ڈالا انھوں نے اللہ کا شریک قوم جن کو، حالانکہ جنات کو اس اللہ ہی نے پیدا فرمایا ہے، اور ان لوگوں نے تراش لیا اللہ کے

لئے بیٹے اور بیٹیاں نادانی سے پاک اور بالا ہے وہ اس سے جو جھک مارتے ہیں O

۱۰۱۔ بدعت فرمانے والا آسمانوں اور زمین کے پیدا کرنے میں۔ اس کے اولاد کہاں؟ جبکہ اس کی کوئی زوجہ نہیں۔ اور پیدا فرمایا اسی نے ہر چیز۔ اور وہ سب کچھ جاننے والا۔ O

۱۰۲۔ یہ ہے اللہ تم سب کا پروردگار۔ نہیں ہے کوئی معبود اس کے سوا۔ ہر چیز کا پیدا کرنے والا، تو اسی کو پوجو۔ اور وہ ہر ایک کا کارساز ہے۔ O

۱۰۳۔ نہیں پاتیں اس کو آنکھیں۔ اور وہ خوب جانتا ہے ساری آنکھوں کو۔ اور وہ لطافت والا باخبر ہے۔ O

۱۰۴۔ بیشک آ گئیں تمہارے پاس آنکھ کھولنے والی باتیں تمہارے رب کی طرف سے۔ تو جس نے آنکھ کھولی تو اپنے بھلے کو۔

اور جو اندھا رہا تو اپنے برے کو۔ اور میں نہیں ہوں تم پر نگرانی کا ذمہ دار۔ O

۱۰۵۔ اور اسی طرح سے طرح طرح سے ہم آیتیں بیان کرتے ہیں اور تاکہ سب کہہ پڑیں کہ تم نے تو لکھ پڑھ لیا اور تاکہ روشن کر دیں ہم اس کو علم والی قوم کے لئے۔ O

۱۰۶۔ چلو، جو وحی فرمائی جائے تمہاری طرف تمہارے پروردگار کی طرف سے۔ نہیں ہے کوئی پوجنے کے قابل اس کے سوا، اور رخ پھیر لو مشرکین سے۔ O

۱۰۷۔ اور اللہ کا چاہا ہوتا تو وہ مشرک نہ ہوتے۔ اور نہیں کیا ہم نے تم کو ان پر نگرانی کا ذمہ دار۔ اور نہ تم ان کے جواب دہ ہو۔ O

۱۰۸۔ اور مت برا کہو انہیں، جن کو اللہ کو چھوڑ کر معبود بنائے ہیں، کہ وہ بھی ادبی کرنے لگیں اللہ کی بڑھ کر نادانی سے۔ اسی طرح خوب

28

صورت دکھا دیا ہم نے ہر امت کو ان کا کیا دھرا۔ پھر اپنے پروردگار کی طرف ان کا پھرنا ہے، تو بتا دیگا وہ ان کو جو کرتے دھرتے تھے۔ O

۱۰۹۔ اور قسم کھا بیٹھے اللہ کی، بڑے زور کی قسم، کہ اگر آ گئی ان کے پاس عذاب کی نشانی، تو ضرور مان لیں گے اس کو۔ کہہ دو، کہ ''ساری نشانیوں اللہ کے پاس ہیں''، اور کیا پتہ کہ جب نشانی آتی تو نہ مانتے۔ O

۱۱۰۔ اور ہم الٹ پلٹ دیں گے ان کے دلوں اور آنکھوں کو، جیسا کہ انھوں نے نہیں مانا اس کو پہلی بار، اور چھوڑ دیں گے انھیں، کہ اپنی سرکشی میں چکراتے رہیں۔ O

۱۱۱۔ اور اگر ہم نے اتارا ہوتا ان کی طرف فرشتوں کو، اور باتیں کرتے ان سے مردے، اور ہانک کر کر دیتے ہر چیز کو ان کے سامنے، تو بھی یہ لوگ نہ مانتے۔ مگر یہ کہ اللہ ہی کی مشیت ہوتی۔ لیکن ان کے بہتیرے جاہل ہیں۔ O

۱۱۲۔ اور اسی طرح سے بنایا تھا ہم نے ہر نبی کا دشمن انسان اور جن کے شیطانوں کو، کہ ڈالیں ایک دوسرے کے دل میں ملمع کی ہوئی باتوں کو دھوکا دینے کو۔ اور اگر تمہارا پروردگار چاہتا تو یہ ایسا نہ کرتے، تو چھوڑ دو انکو اور جو وہ افترا کرتے رہتے ہیں۔ O

۱۱۳۔ اور تاکہ مائل ہوں اس کی طرف ان کے دل جو نہیں مانتے آخرت کو، اور تاکہ وہ اس سے خوش ہوں، اور تاکہ بٹورلیں جو بٹورنا ہو۔ O

۱۱۴۔ تو کیا اللہ کے غیر کا ہم فیصلہ چاہیں؟ حالانکہ وہی ہے جس نے اتارا تمہاری طرف کتاب مفصل۔ اور جن کو ہم نے کتاب دی ہے جانتے ہیں، کہ بیشک یہ تمہارے پروردگار کا اتارا ہے، بالکل حق، تو شکیوں کے ساتھ تم نہ رہا کرو۔ O

۱۱۵۔ اور کامل تمہارے پروردگار کی بات سچائی اور انصاف۔ کوئی نہیں ہے بدل دینے والا اس کی بات کا۔ اور وہ سننے والا علم والا۔ O

١١٦۔ اور اگر کہنا مانتے تم آبادی کی بھیڑ کا، تو بے راہ کر دیتے اللہ کی راہ سے۔ وہ لوگ صرف خیالات کے پیچھے لگے ہیں، اور محض اٹکل سے کام لیتے ہیں۔ O

١١٧۔ بیشک تمہارا پروردگار وہ خوب جانتا ہے جو اس کی راہ سے بھٹکیں، اور خوب جانتا ہے جو راہ پر چلنے والے ہیں۔ O

١١٨۔ تو مسلمانوں کھاؤ ذبیحہ کو جس پر اللہ کا نام لیا گیا، اگر تم اس کی آیتوں کو مانتے ہو۔ O

١١٩۔ اور تمہیں کیا حق ہے کہ نہ کھاؤ وہ ذبیحہ، جو ذبح کیا گیا اللہ کا نام لے کر، جب کہ بیشک مفصل بتا دیا تم کو جو حرام فرما دیا ہے تم پر، مگر جس کی طرف تم بے قابو ہو جاؤ۔ اور بیشک بہتیرے وہ ہیں کہ گمراہ کرتے ہیں وہمی باتوں سے، نادانی سے۔ بیشک تمہارا پروردگار خوب جانتا ہے حد سے بجد ہو جانے والوں کو۔ O

۱۲۰۔ اور مسلما نو چھوڑ دو کھلا ڈھکا ہر طرح کا گناہ۔ بیشک جو گناہ کو کمائیں، بہت جلد بدلہ دئیے جائیں گے جو بٹورا ہے۔ O

۱۲۱۔ اور مت کھاؤ جس پر ذبح کرتے اللہ کا نام یاد نہیں کیا گیا۔ اور بیشک وہ نافرمانی ہے۔ اور بیشک شیطان ضرور اپنے یاروں کے دل میں ڈالتے ہیں کہ تم سے جھگڑتے رہیں۔ اور اگر تم لوگ ان کے کہے پر چلے، تو بیشک تم بھی مشرک ہو۔ O

۱۲۲۔ کیا جو بے جان تھا، پھر ہم نے اس کو جان دی اور بنا دیا اس کے لئے روشنی، جس سے چلے پھرے لوگوں میں اس کی مثال اس کی طرح ہے جو اندھیریوں میں ہے؟ کہ اس سے نکلنا نہیں۔ اسی طرح بھلے دکھا دئیے گئے کافروں کو ان کے کرتوت۔ O

۱۲۳۔ اور اسی بنایا ہم نے ہر آبادی میں جرائم پیشہ کے سردار، کہ دھڑی کرتے رہیں اس میں۔ اور وہ داؤں نہیں کرتے، مگر خود اپنے سے، اور انہیں اس کا پتہ نہیں چلتا۔ O

۱۲۴۔ اور جب آئی ان کے پاس کوئی نشانی، تو بولے کہ ہم نہ مانیں گے، یہاں تک خود ہم کو بلا واسطہ دیا جائے، جس طرح اللہ کے رسولوں کو دیا گیا۔۔۔ اللہ بہتر جانتا ہے جہاں اپنی رسالت رکھے۔ بہت جلد پہنچے گی انھیں، جنھوں نے جرم کیا، ذلت اللہ کے یہاں، اور سخت عذاب، جو داؤں کھیلتے رہے۔ O

۱۲۵۔ تو جسے اللہ چاہے کہ ہدایت دے، کھول دیتا ہے اس کے سینہ کو اسلام کے لئے۔ اور جسے چاہے کہ اس کی گمراہی دکھاوے، تو کر دیتا ہے اس کے سینے کو تنگ بند، گویا زبردستی آسمان چڑھایا جاتا ہے۔ اسی طرح اللہ بنا دیتا ہے ناپاک، بے ایمانوں کو۔ O

۱۲۶۔ اور یہ تمہارے پروردگار کی راہ سیدھی۔ بیشک مفصل کر دیں ہم نے آیتیں سبق لینے والی قوم کے لئے۔ O

۱۲۷۔ ان کے لئے سلامتی کا گھر ہے ان کے پروردگار کے یہاں، اور وہ ان کا مددگار ہے، اجر میں اس کے جو وہ عمل کرتے تھے۔ O

١٢٨۔ اور اس دن جب یکجا کرے گا ان سب کو، کہ اے گروہ جن تم نے بہت اپنا لیا تھا انسانوں کو، دور بولے ان کے دوست انسان سے کہ اے ہمارے پروردگار ہم میں ایک نے دوسرے سے اپنی غرض نکالی، اور پہنچ گئے اس وقت کو، جو تو نے ہمارے لئے مقرر فرما دیا تھا۔ فرمان ہوا کہ "جہنم تمہارا ٹھکانہ ہے" ہمیشہ اس میں رہو، مگر جسے اللہ چاہے۔ بیشک تمہارا پروردگار حکمت والا علم والا ہے۔ O

١٢٩۔ اور اسی طرح حاکم بنا دیتے ہیں ہم بعض ظالموں کو بعض پر۔۔۔ بدلہ اس کا جو کماتے تھے۔ O

١٣٠۔ اے جن و انسان کے گروہ، کیا نہیں آئے تمہارے پاس رسول تم سے؟ بتاتے تم کو ہماری آیتیں، اور ڈراتے تم کو آج کے دن ملنے سے۔ بولے، کہ "ہم اپنے خلاف خود گواہ ہیں،" اور دھوکا دے دیا تھا ان کو دنیاوی زندگی نے، اور گواہی اپنے اوپر دینی پڑی، کہ بیشک وہ کافر تھے۔ O

۱۳۱۔ یہ یوں کہ تمہارا پروردگار، نہیں ہے آبادیوں کو اجاڑنے والا ظلم سے، جبکہ اس کے بسنے والے بےخبر ہیں۔ O

۱۳۲۔ ہر ایک کا درجہ ہے جیسا عمل کیا۔ اور نہیں ہے تمہارا پروردگار غافل، جو وہ کرتے ہیں۔ O

۱۳۳۔ اور تمہارا پالنے والا بے پرواہ رحمت والا ہے۔ اگر چاہے تم لوگوں کو ہٹا دے، اور تمہاری جگہ تمہارے بعد جسے چاہے لائے، جس طرح تم کو پیدا فرمادیا دوسرے لوگوں کی نسل سے۔ O

۱۳۴۔ بیشک جس کا تم سے وعدہ کیا جاتا ہے اسے آنا ہے۔ اور تم کو بچنا نہیں۔ O

۱۳۵۔ کہہ دو، کہ "اے لوگو تم کام کئے جاؤ جگہ پر، میں اپنا کام کر رہا ہوں۔ تو جلد جان لو گے، کہ جنت کی عاقبت کس کی ہوئی۔" بیشک انجام بخیر نہ ہوں گے ظالم لوگ۔ O

۱۳۶۔   اور کر دیا اللہ کے لئے جو اس نے پیدا فرمایا کھیتی اور مویشی سے ایک حصہ، تو کہنے لگے یہ اللہ کا ہے ان کے نزدیک، اور یہ ہمارے بتوں کے لئے ہے۔ تو جو بتوں کا ہے نہیں پہنچتا اللہ کو۔ اور جو اللہ کا ہے تو وہ پہنچ جاتا ہے بتوں کو۔ کتنا برا فیصلہ کرتے ہیں۔ ○

۱۳۷۔   اور اسی طرح اچھا لگا دیا بہتیرے مشرکین کو ان کے معبودوں نے اپنی اپنی اولاد کو قتل کر ڈالنا، تاکہ ان کو ہلاک کر دیں اور ان پر ان کے دین کو مشتبہ کر دیں۔ اور اگر اللہ چاہتا، تو وہ یہ نہ کرتے۔ تو ان کو اور ان کے افتراؤں کو چھوڑو۔ ○

۱۳۸۔   اور بولے کہ یہ مویشیاں اور کھیتی اچھوتی ہیں۔ نہیں کھائے گا ان کو مگر جسے ہم چاہیں، اپنے خیال میں، اور کچھ مویشیاں ہیں جن کی سواری حرام ہے، اور کچھ مویشی ہیں کہ جن کے ذبح ہونے پر اللہ کا نام نہیں لیتے۔ اللہ پر یہ سب افترا۔ بہت جلد بدلہ دے گا اللہ، جو افتراء باندھتے تھے۔ ○

۱۳۹۔ اور بولے کہ ان مویشیوں کے پیٹ میں جو کچھ ہے صرف مردوں کا ہے، اور عورتوں پر حرام ہے۔ اور اگر مرا ہوا پید ہو، اس میں سب برابر کے شریک ہیں۔ بہت جلد بدلہ دیگا ان کے اس من گھڑت کا۔ بیشک وہ حکمت والا علم والا ہے۔ O

۱۴۰۔ بیشک گھاٹے میں گئے جنھوں نے مار ڈالا اپنی اولاد کو بے وقوفی نادانی سے، اور حرام قرار دے دیا جو اللہ نے انھیں روزی دی، اللہ پر بہتان لگاتے ہوئے۔ بیشک وہ گمراہ ہو گئے اور نہیں ہیں راہ پر۔ O

۱۴۱۔ اور وہی جس نے پیدا فرمایا باغ، چھائی بیلیں، اور بے چھائے درخت۔ اور کھجور اور کھیتی جدا جدا کھانے۔ اور زیتون اور انار، ملتے جلتے اور بے میل والے۔ تم لوگ اس کا پھل کھاؤ جب سے پھلنے لگے، اور اس کی زکوٰۃ کو دو کٹائی کے دن۔ اور بے محل خرچ نہ کرو۔ بیشک اللہ نہیں پسند فرماتا بے محل خرچ کرنے والوں کو۔ O

۱۴۲۔ اور مویشی میں بعض بار برداری والے ہیں، اور بعض چھوٹے کمزور، تم لوگ کھاؤ جو روزی دے دی تم کو اللہ نے، اور مت چلو قدموں پر شیطان کے۔ بیشک وہ تمہارا کھلا دشمن ہے۔ O

۱۴۳۔ آٹھ نر مادے، بھیڑ سے نر و مادہ دو، اور بکری سے نر و مادہ دو، پوچھو کہ کیا دونوں نر کو حرام کیا، یا دونوں مادہ کو، یا اس کو جو دونوں مادہ کے پیٹ میں ہے؟ بتا تو دو مجھے کسی علم سے بھی اگر سچے ہو۔ O

۱۴۴۔ اور اونٹ سے نر و مادہ دو، اور گائے سے نر و مادہ دو۔ پوچھو کہ دونوں نر کو حرام کیا، یا دونوں مادہ کو، یا اس کو جسے دونوں مادہ کا پیٹ رکھے ہے؟ یا تم حاضر تھے، جب حکم دیا تھا کو اللہ نے اس کا۔ تو اس سے زیادہ ظالم کون؟ جس نے من گڑھت باندھا اللہ پر جھوٹ۔ تاکہ گمراہ کر دے لوگوں کو بے علمی سے۔ بیشک اللہ نہیں راہ دیتا ظالم قوم کو۔ O

۱۴۵۔ کہہ دو کہ میں نہیں پاتا اس میں جو وحی بھیجی گئی ہے مجھ پر، کسی کھانے والے پر کوئی غذا حرام، مگر یہ کہ وہ مردار ہو، یا بہتا خون ہو، یا

سور کا گوشت ہو، کہ یہ تو نجاست ہے، یا نافرمانی کا جانور، کہ ذبح کیا گیا اللہ کے سوا دوسرے کے نام پر۔ پھر کوئی بے قابو ہو گیا، نہ تو خواہشمند ہے اور نہ حاجت سے زیادہ لینے والا، تو بیشک تمہارا پروردگار غفور رحیم ہے۔ O

۱۴۶۔ اور جو یہودی تھے ان پر ہم نے حرام فرما دیا تھا، سب ناخن والے جانوروں کو۔ اور گائے اور بکری کی ہم نے حرام کر دیا تھا ان پر چربی۔ مگر جو پیٹھ اور آنتوں پر ہو، یا ہڈی سے لگی ہو۔ یہ ہم نے ان کو سزا دی تھی ان کی سرکشی کی۔ اور بیشک ہم سچے ہیں۔ O

۱۴۷۔ اب اگر وہ لوگ تمہیں جھٹلائیں، تو کہہ دو کہ تمہارا پروردگار وسیع رحمت والا ہے۔ اور اس کا عذاب پلٹا نہ جائے گا مجرم قوم سے۔ O

۱۴۸۔ ان کہیں گے جنھوں نے شرک کیا ہے، کہ اگر اللہ چاہتا، تو ہم شرک نہ کرتے اور نہ ہمارے باپ دادے، اور نہ ہم نے حرام کیا ہوتا کچھ۔ اسی طرح جھٹلایا تھا انھوں جو ان سے پہلے ہوئے، یہاں

تک کہ چکھ لیا ہمارا عذاب۔ پوچھو کہ کیا تمہارے پاس کوئی علم ہے، کہ اس کو نکالو ہمارے لئے۔ تم لوگ تو صرف گمان سے کام لیتے ہو، اور تم لوگ محض اٹکل لگاتے رہتے ہو۔ O

۱۴۹۔ کہہ دو، کہ دل نشین دلیل تو اللہ کے لئے ہے۔ تو وہ چاہتا تو تم سب کو راہ پر لاتا۔ O

۱۵۰۔ کہہ دو، کہ لاؤ تو اپنے گواہوں کو جو گواہی دیں، کہ بیشک اللہ نے حرام کیا اس کو۔ پھر اگر وہ گواہی دے دیں، تو تم گواہی نہ دینا ان کے ساتھ۔ اور نہ ما ن وان کے اوہام کو جو جھٹلا چکے ہماری آیتوں کو، اور جو نہ مانیں آخرت کو، اور وہ اپنے پروردگار کا برابر گھڑیں۔ O

۱۵۱۔ کہہ دو، کہ آؤ میں بتا دوں جو حرام فرمایا تھا تمہارے پروردگار نے تم پر، یہ کہ اس کا کوئی شریک نہ بناؤ، اور ماں باپ سے احسان کا۔ اور نہ قتل کر ڈالو اپنی اولاد کو مفلسی کے ڈر سے۔ ہم تمہیں بھی روزی دیں اور انہیں بھی۔ اور قریب نہ جاؤ بے شرمیوں کے، جو ان میں

ظاہر ہیں اور جو چھپی ہیں۔ اور نہ قتل کرو اس کو، جسے اللہ تعالیٰ حفاظت میں لیا ہے، ناحق۔ یہ ہے۔ جس کا حکم دیا تم کو کہ عقل سے کام لو۔ O

۱۵۲۔ اور قریب نہ پھٹکو یتیم کے مال کے، مگر اس طرح جو اس کے لئے زیادہ بہتر ہو، یہاں تک کہ بالغ جوان ہو۔ اور پورا رکھو ناپ کو، اور تول کو، انصاف سے۔ ہم کسی سے کام نہیں لیتے مگر جو کر سکے۔ اور جب بولو تو انصاف کی بات بولو، گو رشتہ دار ہو۔ اور اللہ کا عہد پورا کرتے رہو۔ یہ ہے۔ جس کا حکم دیا تم کو کہ نصیحت حاصل کرو۔ O

۱۵۳۔ اور بیشک یہ میری راہ ہے سیدھی، تو اس پر چلو اس پر چلو، اور دوسری راہیں نہ چلو، کہ تم کو دور کر دیں اللہ کی راہ سے۔ یہ ہے جس کا حکم دیا کہ تم ڈر والے ہو جاؤ۔ O

۱۵۴۔ پھر دیا ہم نے موسیٰ کو کتاب، پورا کرم کرنے کو اس پر جس نے نیکی کی، اور تفصیل ہر چیز کی، اور ہدایت و رحمت، کہ وہ اپنے پروردگار سے ملنے کو مان جائیں۔ O

۱۵۵۔ اور یہ کتاب ہے جس کو اتارا ہم نے برکت والی، تو اس کی پیروی کرو، اور ڈرو کہ تم رحم کئے جاؤ۔ O

۱۵۶۔ آئندہ یہ کہہ ڈالو کہ کتاب اتاری جاچکی ہے، صرف دو گروہوں پر ہم سے پہلے۔ اور ہم ان لوگوں کے پڑھنے نے سے بےخبر تھے O

۱۵۷۔ یا یوں کہہ ڈالو کہ اگر ہم پر کتاب اتاری جاتی، تو ہم ان سے زیادہ ہدایت پر ہوتے۔ لہذا آ گئی تمہارے پاس تمہارے پروردگار کی کھلی دلیل اور ہدایت و رحمت۔ تو اس سے زیادہ ظالم کون ہے، جس نے جھٹلایا اللہ کی آیتوں کو اور بے رخی برتی ان سے۔ ہم بہت جلد سزا دیں گے انہیں، جو منہ پھیرتے ہیں ہماری آیتوں سے۔ بری سزا منہ پھیرنے کی۔ O

۱۵۸۔ وہ لوگ اسی انتظار میں ہیں کہ فرشتوں کے آنے کا وقت آ جائے، یا تمہارے پروردگار کے دیدار کا وقت آ جائے، یا تمہارے پروردگار کی آخری نشانی آ جائے، جس دن تمہارے پروردگار کی وہ

نشانی آ جائے، تو کسی کے کام اس کا ایمان نہ آئے گا، جو پہلے سے ایمان نہ لایا تھا۔ یا اپنے ایمان میں نیکی نہ کمائی تھی۔ کہہ دو کہ خیر انتظار کئے جاؤ، ہم بھی منتظر ہیں۔ O

۱۵۹. بیشک جنھوں نے ٹکڑے ٹکڑے کر ڈالا اپنے دین کو، اور ہو گئے شیعہ، تم ان کچھ سر و کار نہیں۔ ان کا معاملہ اللہ کے سپرد ہے، پھر سزا دے گا ان کو جو وہ کرتے تھے۔ O

۱۶۰. جو ایک نیکی کرے تو اس کے لئے دس گنا ہے۔ اور جو برائی کرے، تو سزا نہ دی جائے گی مگر اس کے برابر، اور وہ ظلم نہ کئے جائیں گے۔ O

۱۶۱. کہہ دو، کہ بیشک راہ دی مجھ کو میرے پروردگار نے سیدھی راہ کی طرف۔۔ دین برحق، ابراہیم کی ملت جو ہر باطل سے الگ تھے۔ اور مشرک نہ تھے O

۱۶۲۔ کہو کہ بیشک، میری نماز اور حج اور زندگی اور موت اللہ کے لئے ہے پروردگار سارے جہان کا۔ O

۱۶۳۔ اس کا کوئی شریک نہیں۔ اور اسی کا مجھ کو حکم دیا گیا، اور میں پہلا مسلمان ہوں۔ O

۱۶۴۔ کہہ دو کہ کیا اللہ کے غیر کو اپنا پروردگار بنانے کے لئے جستجو کروں؟ حالانکہ وہ سب کا پالنے والا ہے۔ اور نہیں کماتا کوئی مگر اس کا ذمہ دار وہی ہے۔ اور کوئی کسی دوسرے کا بوجھ نہیں اٹھاتا۔ پھر اپنے پروردگار کی طرف تمہارا لوٹنا ہے۔ تو بتا دے گا تمہیں جس میں جھگڑا کرتے تھے۔ O

۱۶۵۔ وہی جس نے بنایا خود تم لوگوں کو زمین میں خلیفہ، اور بلند فرما دیا ایک کو ایک سے کئی درجے، تاکہ آزمالے تم کو اس میں جو دے دیا ہے تم کو۔ بیشک تمہارا پروردگار جلد عذاب دینے والا ہے۔ اور بیشک وہ ضرور غفور رحیم ہے۔ O

۷۔ سورۃ الأعراف

نام سے اللہ کے بڑا مہربان بخشنے والا O

۱. المص O

۲. کتاب جو اتاری گئی تم پر، تو نہ ہو تمہارے سینہ میں کوئی جھجک اس سے، تاکہ ڈراؤ تم اس سے، اور نصیحت ہے مان جانے والوں کے لئے۔ O

۳. تم لوگ چلو اس پر جو تمہاری طرف اتارا گیا تمہارے رب کی طرف سے، اور مت پیروی کرو جو کرو جو قرآن کو چھو (علیہ السلام) کر حاکم ہیں۔ تم لوگ کم نصیحت قبول کرتے ہو O

۴۔ اور کتنی بستیاں تھیں جن کو ہم نے تباہ کر دیا، تو وہاں آیا ہمارا عذاب رات کو سوتے میں، یا وہ دن میں قیلولہ کر رہے تھے۔ O

۵۔ تو نہ تھی ان کی کوئی بولی بات، جبکہ آ گیا ان ہمارا عذاب، مگر یہ کہ بولے کہ بیشک ہم ظالم تھے۔ O

۶۔ تو ضرور ہم سوال کریں گے ان سے جن کی طرف رسول کئے گئے۔ اور ضرور ہم پوچھیں گے رسولوں سے O

۷۔ پھر ضرور ہم خود ہی بتا دیں گے اپنے علم سے۔ اور ہم تو کہیں سے غائب نہیں O

۸۔ اور عمل کی تول اس دن ٹھیک ہے۔ تو جس کا وزن بھاری ہوا، وہی کامیاب ہیں۔ O

۹۔ اور جس کا پلہ ہلکا پڑا، تو وہ ایسے ہیں کہ گھاٹے میں ڈالا (رح) خود اپنے کو۔ یہ بدلہ ہے جو ہماری آیتوں سے زیادتی کرتے تھے۔ O

۱۰۔ اور ضرور بیشک ہم نے جماؤ دیا تم کو زمین پر اور پیدا کر دیا تمہارے لئے اس میں زندگی سامان۔ تم لوگ کم شکر گزار ہوتے ہو۔ O

۱۱۔ اور البتہ ہم نے پیدا فرمایا تم کو پھر صورت بخشی تمہیں، پھر فرمایا ہم نے فرشتوں سے کہ سجدہ کرو آدم کا۔ تو سب نے سجدہ کیا سوا ابلیس کے۔ کہ وہ سجدہ کرنے والوں میں نہ ہوا۔ O

۱۲۔ فرمایا کہ ''کس چیز نے روکا تجھ کو، کہ تو نے سجدہ نہ کیا؟ جبکہ میں نے تجھ کو حکم دیا''۔ بولا ''میں بہتر ہوں سے۔'' ''مجھ کو تو نے آگ سے بنایا، اور ان کو مٹی سے پیدا کیا''۔ O

۱۳۔ فرمان ہوا، ''تو یہاں سے اتر جا''، ''تجھے حق نہ تھا یہاں غرور کرے،'' ''نکل، بیشک تو کمینوں سے ہے''۔ O

۱۴۔ بولا، ''میری جان بخشی کی جائے اس دن تک کہ لوگ اٹھائے جائیں۔ O

۱۵۔   بولا، توچونکہ میری گمراہی تونے ظاہر کر دی، O

۱۶۔   ضرور آسن جماؤں تیرے سیدھے راستہ میں جوان کے لئے ہے۔ O

۱۷۔   پھر ضرور آؤں گا ان کے پاس، سامنے سے پیچھے سے، اور داہنے سے، اور بائیں سے، اور توان کے بہتیروں کو شکر گزار نہ پائے گا۔ O

۱۸۔   فرمان ہوا، نکل یہاں سے، مردود ملعون جوان میں سے تیری چال چلا، تو بھر دوں گا جہنم کو، تم سب سے۔ O

۱۹۔   اور اے آدم تم رہو اور تمہاری بی بی جنت میں پھر کھایا کرو جہاں چاہو۔ اور نہ تم قریب جانا اس درخت کے نہیں تو ہو جاؤ گے تم ظالموں میں سے۔ O

۲۰۔   پھر وسوسہ ڈالا ان دونوں میں شیطان نے، تاکہ ظاہر کر دے ان پر جو پوشیدہ تھیں ان سے ان کی شرم گاہیں۔ اور بولا کہ نہیں روکا

ہے تم کو تمہارے پروردگار نے اس پیڑ سے، مگر یوں کہ ہو جاؤ گے

فرشتے، یا ہمیشہ جنت میں رہا کرو گے O

۲۱. اور قسم کھائی کہ میں تمہارے خیر خواہوں سے ہوں۔ O

۲۲. پھر اتار لایا ان کو دھوکہ سے۔ پھر جب چکھا دونوں نے اس پیڑ سے تو برہنہ ہو گئیں ان کی شرمگاہیں۔ اور لگے دونوں ڈھکنے پتہ سے پتہ جوڑ کر اپنے اوپر، جنت کے پتوں سے۔ اور ندا فرمائی دونوں کو ان کے پروردگار نے کہ کیا ہم نے تم دونوں کو روکا نہیں تھا اس پیڑ سے اور نہیں کہہ دیا تھا کہ بیشک شیطان تم لوگوں کا کھلا دشمن ہے۔ O

۲۳. دونوں کہنے لگے، اے ہمارے پروردگار ہم نے اپنا بنا بگاڑ ڈالا اور اگر تو نے نہ بخشا ہم کو اور رحم نہ فرمایا ہم پر تو ہم ہوں گے گھاٹے والوں سے O

۲۴. فرمان ہوا اترو تم میں ایک دوسرے کا دشمن ہے۔ اور تمہارے لئے زمین میں ٹھہراؤ، اور کچھ وقت تک رہن سہن ہے O

۲۵. فرمان ہوا اسی میں جیو گے اور اسی میں مرد گے۔ اور اسی سے نکالے جاؤ گے۔ O

۲۶. اے اولاد آدم! بیشک اتارا ہم نے تم پر لباس جو چھپا لے تمہاری شرمگاہوں کو اور زیبائشِ والا۔ اور خوف خدا کا لباس سب سے بہتر ہے۔ یہ اللہ کی آیتیں ہیں کہ وہ لوگ نصیحت پائیں۔ O

۲۷. اے آدمیو! نہ فتنہ میں ڈالے تم کو شیطان، جیسا کہ تمہارے ماں باپ کو نکالا جنت سے، ان دونوں کے لباس اتارے، کہ ان کو ان کی شرمگاہیں دکھلا دے۔ بیشک وہ اور اس کا کنبہ تمہیں دیکھتا ہے، ایسا کہ تم ان کو نہیں دیکھ سکتے۔ ہم نے کر دیا شیطانوں کو دوست ان کا جو ایمان نہ لائیں۔ O

۲۸. اور جب انھوں نے کی کوئی بے حیائی، تو بولے کہ اسی پر پاتے رہے ہم اپنے باپ دادوں کو، اور اللہ نے ہمیں اس کا حکم

دے رکھا ہے کہہ دو کہ بیشک اللہ نہیں حکم فرماتا ننگ کاموں کا۔ کیا اللہ پر وہ گڑھتے ہو جس کو جانتے ہی نہیں؟۔ O

۲۹. کہہ دو کہ حکم دیا ہے میرے پروردگار نے انصاف کا۔۔ اور سیدھا رکھوا اپنے رخ کو ہر سجدہ والی عبادت میں اور اس کی دہائی دو اس کے کھرے دیندار ہر کر۔۔ جیسا تمہیں شروع میں بنایا پھر لوٹو گے۔ O

۳۰. ایک فریق راہ پر اور ایک فریق تھے جس پر گمراہی ٹھیک اتری بیشک انھوں نے بنا لیا شیطانوں کو دوست اللہ کو چھوڑ کر۔ اور گمان یہ رکھتے ہیں وہ ہدایت پائے ہیں۔ O

۳۱. اے اولاد آدم اختیار کرو اپنی آراستگی، ہر بار مسجد آنے میں۔ اور کھاؤ اور پیو اور بے وجہ خرچ نہ کرو۔ بیشک اللہ نہیں پسند فرماتا بے وجہ خرچ کرنے والوں کو۔ O

۳۲۔	کہہ دو کہ کس نے حرام کیا اللہ کی پیدا کی ہوئی اس زینت کو جو اس نے نکالی اپنے بندوں کے لئے، اور پاکیزہ روزی کو۔ کہہ دو کہ یہ سب ان کے لئے ہے جو ایمان لا چکے دنیاوی زندگی میں، اور صرف انہیں کے لئے ہے قیامت کے دن۔ اس طرح ہم آیتوں کی تفصیل کرتے ہیں اہل علم قوم کے لئے۔ O

۳۳۔	کہہ دو کہ حرام فرما دیا ہے ہمارے پروردگار نے بس بے شرمیوں کو، جو کھلی اور جو ڈھکی ہوں، اور گناہ، اور ناحق ظلم کو، اور یہ کہ شریک بناؤ اللہ کا اسے جس کی نہیں اتری کوئی سند اور یہ کہ اللہ پر وہ لگاؤ جس کا تمہیں علم ہی نہیں۔ O

۳۴۔	اور ہر امت کا ایک وقت آخری ہے۔ تو جب آ گیا کا وہ وقت تو نہ پیچھے ہوں ایک گھڑی اور نہ آگے ہوں۔ O

۳۵۔   اے نسل آدم! اگر آتے رہیں تمہارے پاس تم میں سے رسول، جو پڑھا کریں تم پر ہماری آیتیں تو جو ڈرا اور درست ہو گیا تو نہ کوئی ڈر ان پر اور نہ وہ رنج پائیں۔ O

۳۶۔   اور جنہوں نے جھٹلایا ہماری آیتوں کو، اور غرور کیا اس سے، وہ جہنم والے ہیں۔ وہ اس میں ہمیشہ رہنے والے ہیں۔ O

۳۷۔   تو کون زیادہ ظالم ہے اس سے جس نے گڑھ لیا اللہ پر جھوٹ یا جھٹلایا اس کی آیتیں وہ ہیں جنہیں ان کی تقدیر کا لکھا ملتا رہے گا۔ یہاں تک کہ جب آئے اس کے پاس، ہمارے بھیجے قاصدان موت کہ زندگی پوری کر دیں تو پوچھا کہ کہاں ہیں تمہاری پوجا پکار والے اللہ کو چھوڑ کر؟ بولے وہ تو ہم سے گم گئے اور اپنے اوپر گواہی دی کہ بیشک وہ کافر تھے۔ O

۳۸۔   فرمان الٰہی ہوا کہ داخل ہو جاؤ ان امتوں میں جو تم سے پہلے گزریں جن و انس سے جہنم میں۔ جب کوئی امت داخل ہوئی تو لعنت بھیجی اپنی جیسی پر۔ یہاں تک کہ جب اکٹھا ہو گئے جہنم میں سب تو پچھلی

کے لئے کہا، کہ اے ہمارے پروردگار انھوں نے ہم کو گمراہ کیا تھا،
تو انھیں دوگنا عذاب دے جہنم کا۔۔ فرمان الٰہی ہوا کہ ہر ایک کو دو
عذاب ہے لیکن تم بے علم ہو۔ O

۳۹. اور بولی پہلی دوسری کے لئے نہیں ہے تمھیں ہم پر کوئی
فضیلت پس تم بھی عذاب چکھو جو تم کمائی کر رہے تھے۔ O

۴۰. بیشک جنھوں نے جھٹلایا ہماری آیتوں کو اور بڑے بنے
اس سے نہ کھولے جائیں گے ان کے لئے آسمان کے دروازے
اور نہ جائیں گے جنت میں، یہاں تک کہ داخل ہو جائے اونٹ سوئی
کے ناکے میں۔ اور ایسی ہی سزا ہم دیتے ہیں جرائم پیشہ کو۔ O

۴۱. انھیں جہنم کی آگ کا نیچے بچھونا، اور اوپر سے اوڑھنا ہے۔
اور یوں ہی سزا ہم دیتے ہیں اندھیر مچانے والوں کو۔ O

۴۲۔   اور جو ایمان لائے اور نیک عمل کئے ہم حکم ہی نہیں دیتے مگر جس کی سکت ہو۔ وہ لوگ جنت والے ہیں۔ وہ اس میں ہمیشہ رہنے والے ہیں۔ O

۴۳۔   اور ہم نے کھینچ لیا جو ان کے سینوں میں تھا کینہ۔ بہتی ہیں ان کے نیچے نہریں۔ اور سب نے کہا ساری خوبی اللہ کے لئے ہے جس نے ہمیں اس کی راہ دی ۔۔ اور نہ راہ پاتے اگر نہ ہدایت فرماتا اللہ۔ بیشک آئے ہمارے پروردگار کے کئی رسول حق لے کر۔ اور انہیں ندا دی گئی کہ یہ جنت ہے جس کے تم وارث کئے گئے، جو تم عمل صالح کرتے تھے۔ O

۴۴۔   اور آواز دی جنتیوں نے جہنمیوں کو کہ ہم نے تو پا لیا جو وعدہ فرمایا تھا ہم سے ہمارے پروردگار نے حق تو کیا تم نے بھی پایا جو وعدہ کیا تھا تمہارے پروردگار نے حق؟ بولے ہاں تو ان کے بیچ میں ہاتف نے صدا دی کہ اندھیر والوں پر اللہ کی پھٹکار ہو۔ O

۴۵۔ جو روکیں اللہ کے راستہ سے اور کرنا چاہیں اس کو ٹیڑھا۔ اور وہ آخرت کے منکر ہیں۔۔۔O

۴۶۔ اور جنت و جہنم کے درمیان ایک پردہ ہے اور اعراف پر کچھ لوگ ہیں سب کو پہچان لیں گے ان کے حلیہ سے۔ اور پکارا جنتیوں کو کہ آپ لوگوں پر سلام ہو۔۔۔ یہ خود جنت گئے نہیں اور اس کی لالچ رکھتے ہیں۔O

۴۷۔ اور جب ان کی آنکھیں پھیر دی گئیں جہنمیوں کی طرف بولے پروردگار رسوا نہ کر ہم کو ظالم قوم کے ساتھ۔O

۴۸۔ اور آواز دی اعراف والوں نے ان لوگوں کو جن کو پہچانتے ہیں، قیافہ سے بولے کیا بنا دیا تمہارا تمہاری جتھا بندی نے؟ اور جو تم بڑے بنا کرتے تھے۔O

۴۹. کیا جو تم قسم کھایا کرتے تھے کہ ان کو اللہ نہ لے گا اپنی رحمت میں یہی غریب جنت میں یوں جانے والے ہیں کہ داخل ہو جنت میں نہ تمھیں کوئی ڈر ہے اور نہ تم رنجیدہ ہو۔ O

۵۰. اور چلائے جہنمی لوگ جنتیوں سے کہ ہم پر کچھ پانی پھینک دو یا جو روزی دی تم کو اللہ نے۔ جواب دیا جنتیوں نے کہ بیشک اللہ نے حرام فرما دیا دونوں کو کافروں پر۔ O

۵۱. جنھوں بنا لیا اپنا دین کھیل کود کو اور دھو دیا ان کو دنیاوی زندگی نے تو آج ہم انھیں یاد سے محروم کر دیں گے، جیسا کہ وہ خود محروم رہے اپنے اس دن کے پانے کی یاد سے۔ اور جو ہماری آیتوں کا انکار کیا کرتے تھے۔ O

۵۲. اور بیشک لائے ہم ان کے پاس کتاب جس کو ہم نے مفصل فرمایا اپنے علم سے ہدایت و رحمت ان کے لئے جو مانیں۔ O

۵۳۔ انہیں نہیں انتظار ہے مگر اس کے کہے کے انجام کا۔ جس دن اس کا انجام آئے گا تو چلائیں گے وہ جو اسے بھولے تھے پہلے سے کہ بیشک آئے ہمارے پروردگار کے رسول حق لے کر۔ تو کیا ہمارے کچھ سفارشی ہیں کہ ہماری شفاعت کر دیں یا ہم واپس کئے جائیں تو ہم کریں اس کے خلاف جو کیا کرتے تھے؟ بیشک گھاٹے میں ڈالا انہوں نے اپنے کو اور بیکار ہو گیا جو گڑھی گڑھی بات بکا کرتے تھے۔ O

۵۴۔ بیشک تمہارا پروردگار اللہ ہے جس نے پیدا فرمایا آسمانوں کو اور زمین کو چھ دن میں پھر برابر مکمل کر دیا عرش پر۔۔۔ وہ ڈھانپ دیتا ہے باہم رات دن کو کہ باہم لگے رہتے ہیں جلد جلد۔ اور سورج کو اور چاند کو اور تاروں کو سب مسخر اس کے حکم کے۔ یاد رکھو! کہ اسی کی شان ہے پیدا کرنا اور حکم دینا۔ اللہ تبارک و تعالیٰ سارے جہان کا پالنے والا۔ O

۵۵.   تم لوگ دعا کرو اپنے پروردگار سے گڑگڑا کر اور آہستہ بیشک وہ نہیں پسند فرماتا حد سے نکل جانے والوں کو۔ O

۵۶.   اور مت ڈالو زمین میں اس کے درست ہو جانے کے بعد۔ اور دعا کرو اس سے ڈرتے ہوئے رحمت کے لالچی بن کر۔ بیشک اللہ کی رحمت نزدیک ہے مخلص بندوں کے۔ O

۵۷.   اور وہی ہے جو چلاتا ہے ہوا کو خوش خبری کے لئے اپنی رحمت سے آگے۔ یہاں تک کہ جب ہوائیں اٹھا لائیں بھاری بادل تو بھیج دیا ہم نے اس کو بے جان مقام کے لئے پھر اتارا ہم نے اس سے پانی کو پھر نکالا ہم نے اس سے قسم قسم کے پھل۔ اسی طرح ہم مردوں کو بھی نکالیں گے۔ اب تو نصیحت قبول کرو۔ O

۵۸.   اور اچھی جگہ کا سبزہ نکلتا ہے اپنے پروردگار کے حکم سے۔ اور جو خراب ہو چکی نہیں پیداوار ہوتی اس کی مگر بمشکل تھوڑی۔ اسی طرح سے ہم طرح.بیان کرتے ہیں آیتیں شکرگزار قوم کے لئے۔ O

۵۹.   البتہ بیشک بھیجا ہم نے نوح کو ان کی قوم کی طرف تو انھوں
نے کہا کہ اے میری قوم پوجو اللہ کو نہیں ہے تمہارا کوئی معبود اس
کے سوا۔ بیشک میں ڈرتا ہوں تم پر بڑے دن کے عذاب کو۔ O

۶۰.   بولے ان کی قوم کے چودھری لوگ کہ بیشک ہماری رائے
میں تم کھلی گمراہی میں ہو O

۶۱.   انھوں نے جواب دیا کہ اے قوم مجھ میں کوئی گمراہی نہیں
ہے لیکن میں رسول ہوں سارے جہاں کے پروردگار کا۔ O

۶۲.   تم لوگوں تک پہنچاتا ہوں اپنے پروردگار کے پیغاموں کو اور
تمہارا خیر خواہ ہوں اور اللہ کی عطا سے وہ جانتا ہوں جو تم جانتے۔ O

۶۳.   کیا تم حکیے ہو گئے کہ آئی تمہارے پاس نصیحت تمہارے
پالنہار کی طرف ایک ایسے شخص پر جو تم میں سے ہے تاکہ وہ تم کو
ڈرائے اور تاکہ تم ڈرو اور کسی طرح رحم کئے جاؤ۔ O

۶۴.	تو سب نے جھٹلایا ان کو تو ہم نے نجات دی انھیں ساتھیوں کے ساتھ کشتی میں۔ اور ڈبو دیا انھیں جنھوں نے ہماری آیتوں کو جھٹلایا۔ بیشک وہ لوگ اندھے تھے۔ O

۶۵.	اور عاد کی طرف ان کی برادری کے ہود کو۔ انھوں نے کہا، کہ اے قوم پوجو اللہ کو کوئی نہیں ہے تمہارا معبود اس کے سوا۔ تو کیا تم لوگ ڈرتے نہیں۔ O

۶۶.	بولے چودھری ان کی قوم کے جو کافر تھے، کہ بیشک ہماری رائے میں تم بیوقوف ہو۔ اور بیشک ہمارے خیال میں تم جھوٹے ہوO

۶۷.	جواب دیا کہ اے قوم مجھ میں کوئی بیوقوفی نہیں ہے لیکن رسول ہوں سارے جہان کے پالنے والے کاO

۶۸.	تم کو پہنچاتا ہوں اپنے پروردگار کے پیغام اور میں تمہارا خیر طلب معتمد ہوں۔ O

٦٩.	کیا تم تعجب ہوا اس کا کہ آئی تمہارے پاس نصیحت تمہارے پروردگار کی طرف سے ایسے پر جو تم میں سے ہے تا کہ تم کو ڈرائے۔ اور یاد کرو جب کہ بنا دیا تھا تم کو جانشین قوم نوح کا اور بڑھایا تمہارے ڈیل ڈول کے پھیلاؤ کو تو یاد کرتے رہو اللہ کی نعمتوں کو کہ کامیابی پاؤ۔ O

٧٠.	سب بولے کہ تم ہمارے پاس اس لئے آئے ہو؟ کہ ہم ایک اللہ کو پوجیں اور چھوڑ دیں جن کو پوجتے تھے ہمارے باپ دادے تو جاؤ لے آؤ جس عذاب کا ہم سے وعدہ دیتے ہو اگر سچے ہو۔ O

٧١.	جواب دیا کہ بیشک واقع ہو گیا تم لوگوں پر تمہارے پروردگار کی طرف سے نفرت و عذاب۔ کیا تم جھگڑا نکالتے ہو مجھ سے ان نام ہی نام پر جو تم نے رکھ دیا اور تمہارے باپ دادوں نے؟ نہیں نازل فرمائی اللہ نے جس کی کوئی سند۔ تو کرو عذاب کا انتظار میں بھی ساتھ ساتھ نظر رکھتا ہوں۔ O

۷۲۔   تو بچا لیا ہم نے ان کو اور جو ان کے ساتھی تھے اپنی رحمت سے اور کاٹ کے رکھ دی ہم نے جڑ ان کی جنھوں نے جھٹلایا تھا ہماری آیتوں کو اور مانتے نہ تھے۔ O

۷۳۔   اور ثمود کی طرف ان کی برادری کے صالح کو۔۔۔ انھوں نے کہا کہ اے قوم پوجو اللہ کو نہیں ہے تمھارا کوئی معبود اس کے سوا۔ بیشک آگئی تمہارے پاس روشن دلیل تمہارے رب کی طرف سے۔ یہ ہے اللہ کی اونٹنی تمہارے لیئے معجزہ تو اس کو چھوڑ دو کہ اللہ کی زمین میں کھاتی رہے۔ اور برائی سے تم اس کو ہاتھ نہ لگاؤ کہ تم کو پکڑ لے دکھ دینے والا عذاب۔ O

۷۴۔   اور یاد کرو جب کہ تم بنا دیا تھا جانشین عاد کا اور زمین میں تم کو ٹھکانہ دیا کہ بناتے ہو نرم زمین پر محل اور تراشتے ہو پہاڑوں میں گھر۔ تو یاد رکھا کرو اللہ کی نعمتوں کو اور مت پھر و زمین میں فساد مچاتے۔ O

۷۵.	کہا ان کی قوم کے چودھریوں نے جو بڑے بنتے تھے ان سے جو کمزور کر دئیے گئے تھے جو ان میں سے مان گئے تھے کہ کیا تمہارے نزدیک صالح اپنے پروردگار کے رسول ہیں۔ O

۷۶.	انھوں نے کہا کہ بیشک ہم مانتے ہیں جو کچھ پیغام دیا گیا ان کے ذریعہ سے۔ O

۷۷.	چنانچہ کوچیں کاٹ لیں انھوں نے اونٹنی اور سرکشی کی اپنے پروردگار کے حکم سے اور بکنے لگے کہ اے صالح لاؤ تو جس کا ہم سے وعدہ دے رہے ہو اگر رسول ہو O

۷۸.	تو پکڑا ان کو زلزلہ نے تو وہ اپنے گھروں میں اوندھی لاش ہو گئے۔ O

۷۹.	تو ہٹ گئے ان سے صالح اور کہا کہ قوم! بیشک میں نے تو پہنچا دیا تمہیں اپنے پروردگار کا پیغام اور خیر خواہی کی تمہاری۔ لیکن تم اچھا جانتے ہی نہیں خیر خواہوں کو۔ O

۸۰۔ اور لوط کو، جبکہ کہا اپنی قوم سے کہ کیا بے شرمی تم کرتے ہو،، جس کو نہیں کیا تم سے پہلے کسی نے سارے جہان میں O

۸۱۔ ارے تم جاتے ہو مردوں کے پاس شہوت کو چھوڑ کر عورتوں کو۔ بلکہ تو لوگ بے جا کام کرنے والے ہو۔ O

۸۲۔ اور نہ تھا ان کی قوم کا جواب مگر یہ کہ بولے کہ ان کو اپنی آبادی سے نکال یہ لوگ بڑے پاکیزہ رہتے ہیں۔ O

۸۳۔ تو بچا لیا ہم نے ان کو اور ان کے گھر والوں کو مگر ان کی عورت کو وہ پچھڑ جانے والوں سے تھی۔ O

۸۴۔ اور برسایا ہم نے ان پر ایک بارش تو دیکھ لو کیا کیسا ہوا انجام مجرموں کا۔ O

۸۵۔ اور مدین کی طرف ان کی برادری کے شعیب کو، کہا اے قوم پوجو اللہ کو نہیں ہے تمہارا کوئی معبود سوا اس کے بیشک آ گئی تمہارے پاس کھلی نشانی تمہارے پروردگار کی طرف سے تو ٹھیک رکھو ناپ اور

تول کو اور کم نہ دیا کرو لوگوں کو ان کی چیزیں اور نہ فساد مچاؤ زمین میں اس کے پر امن ہونے کے بعد۔ یہ تمہارے لیے بہتر ہے اگر تم مانو۔ O

۸۶.   اور نہ بیٹھا کرو ہر راستہ میں کہ دھمکی دے رہے ہو اور رو کتے ہو اللہ کی راہ سے اسے جو مان چکا اس کو اور تم چاہتے ہو اس کجی۔ اور یاد کرو جب کہ تم تھوڑے تھے پھر بڑھایا تم کو۔ اور دیکھو کہ کیسا انجام ہوا فسادیوں کا۔ O

۸۷.   اور اگر تم میں کچھ لوگ مان گئے جو پیغام لے کر میں بھیجا گیا ہوں اور کچھ نے نہ مانا تو ٹھہرو یہاں تک کہ فیصلہ فرما دے اللہ ہمارے درمیان۔ اور وہ سب سے بہتر فیصلہ فرمانے والا ہے۔ O

۸۸.   کہا چودھریوں نے ان کی قوم کے جو بڑے بنتے تھے ہم لوگ ضرور نکال دیں گے تم کو اے شعیب اور جو ایمان لائے ہیں

تمہارے ساتھ ہماری آبادی سے یا تم کو گھوم پھر کر آنا ہوگا ہمارے دھرم میں۔ جواب دیا کیا گو ہم اسے برجانیں؟ O

۸۹. بیشک ہم نے اللہ پر جھوٹ باندھا اگر گھوم پڑے تمہارے دھرم میں بعد اس کے کہ بچا رکھا ہے ہم کو اللہ نے اس سے۔ اور ہم لوگوں کا کیا کام کہ گھوم گریں اس میں مگر یہ کہ اللہ چاہے ہمارا پالنے والا۔ ہمارے پروردگار کو ہر چیز کا علم وسیع ہے۔ اللہ ہی پر ہم نے بھروسہ کیا۔ پروردگار! کھول دے ہمارے اور ہماری قوم کے درمیان حق اور تو بہتر فاتح ہے۔ O

۹۰. اور بولے چودھری لوگ ان کی قوم کے جنھوں نے کفر کیا تھا کہ اگر لوگ کہا مانا کیئے شعیب کا تو بیشک اس وقت تو تم بھی گھاٹے میں رہوگے۔ O

۹۱. تو دبوچا ان کو زلزلہ نے تو رہ گئے اپنے گھر میں منہ کے بل پڑے O

۹۲. جنھوں نے جھٹلایا تھا شعیب کو جیسے بسے ہی نہ تھے اس میں۔ جنھوں نے جھٹلایا شعیب کو وہ لٹ گئے۔ O

۹۳. تو شعیب ان سے ہٹ گئے اور کہا کہ اے قوم بیشک میں نے تو پہنچا دیا تم کو اپنے پروردگار کے پیغام اور خیر خواہی کی تمہاری۔ پھر طرح افسوس کروں کافر قوم پر۔ O

۹۴. اور نہیں بھیجا ہم نے کسی آبادی میں کوئی نبی مگر یہ کہ گرفتار کیا اس کے رہنے والوں کو ناداری و بیماری میں کہ وہ گڑگڑائیں۔ O

۹۵. پھر بدل دیا ہم نے خرابی کی جگہ خوبی کو یہاں کہ بھرپور ہو گئے اور بولے کہ ہوتی رہی ہے ہمارے باپ دادوں کو بھی ناداری و بیماری تو پکڑا ہم نے ان کو اچانک اور وہ بےخبر ہیں۔ O

۹۶. اور اگر آبادیوں والے مان جاتے اور ڈر جاتے تو ہم کھول دیتے ان پر برکتیں آسمان و زمین کی۔ لیکن انھوں نے جھٹلایا تو ہم نے گرفتار کر لیا سزا میں جو وہ کما رہے تھے O

۹۷۔ تو کیا بچاؤ پا گئے آبادیوں والے؟ کہ آ جائے ان پر ہمارا عذاب رات کو اور وہ سو رہے ہیں۔ O

۹۸۔ کیا بچاؤ پا گئے آبادیوں والے؟ کہ آئے ان پر ہمارا عذاب دن چڑھے اور وہ کھیل میں لگے ہیں۔ O

۹۹۔ کیا مطمئن ہو گئے اللہ کی ڈھیل سے؟ تو اللہ ڈھیل سے مطمئن نہیں ہوتے مگر تباہ ہو جانے والی قوم۔ O

۱۰۰۔ کیا نہ سوجھا انھیں جو وارث ہوئے زمین کے وہاں والوں کے بعد کہ اگر ہم چاہیں تو اور مصیبت ڈال ان کے گناہوں پر۔ اور چھاپ لگا دیں ان کے دلوں پر تو وہ کچھ نہ سنیں۔ O

۱۰۱۔ یہ آبادیاں ہیں کہ بتاتے ہیں ہم تم کو ان کے واقعات۔ اور بیشک آئے ان کے پاس ان کے رسول روشن دلیلوں کے ساتھ۔ تو وہ کبھی نہ ہوا کہ مان جاتے جس کو پہلے جھٹلا چکے تھے۔ اسی طرح چھاپ لگا دیتا ہے اللہ کافروں کے دل پر۔ O

۱۰۲.   اور نہیں پایا ہم نے ان کے اکثر میں کوئی بات کی پختگی۔ اور ہاں پایا ہم نے ان کے اکثر کو بے کہے والے۔ O

۱۰۳.   پھر بھیجا ہم نے ان سب کے بعد موسیٰ کو ہماری نشانیوں کے ساتھ فرعون اور اس کے گروہ کی طرف تو انھوں نے اندھیر مچایا ان نشانیوں کے ساتھ تو دیکھ لو کہ کیا ہوا انجام فسادیوں کا۔ O

۱۰۴.   اور کہا موسیٰ نے اے فرعون میں رسول ہوں پروردگار عالم کا O

۱۰۵.   میرا فرض ہے کہ نہ بولوں پر مگر ٹھیک بات۔ بیشک میں آیا ہوں تمہارے پاس دلیل کے ساتھ تمہارے پروردگار کی تو چھوڑ دے میرے ساتھ نبی اسرائیل کو O

۱۰۶.   وہ بولا کہ اگر کوئی نشانی لے کر آئے ہو تو اس کو لاؤ اگر سچے ہو تو O

۱۰۷.   وڈال دیا اپنے عصا کو تو اسی وقت وہ صاف اژدہا ہے۔ O

۱۰۸۔ اور اپنا ہاتھ نکالا تو خود بخود روشن ہے ہر دیکھنے والے کی نظر میں۔ O

۱۰۹۔ بولے چودھری لوگ قوم فرعون کے کہ بیشک یہ ضرور جادوگر اور جادو کی ودیا والے ہیں) O

۱۱۰۔ بولے چودھری قوم فرعون کے کہ بیشک یہ ضرور جادوگر اور جادو کی ودیا والے ہیں چاہتے ہیں کہ تم کو نکال دیں تمہارے ملک سے تو کیا مشورہ دیتے ہو۔ O

۱۱۱۔ سب نے کہا کہ ان کو اور ان کے بھائی کو روک لو اور تمام شہروں میں دوڑ والوں کو بھیج دو کہ O

۱۱۲۔ لے آئیں تمہارے پاس سارے جادوگر منتریوں کو۔ O

۱۱۳۔ اور آ گئے جادوگر لوگ فرعون کے پاس بولے کہ بیشک ہمیں انعام ملے اگر ہم جیت گئے O

۱۱۴۔ بولا ہاں۔ اور تم پھر ہمارے مقرب ہو O

١١٥. بولے اے موسیٰ یا تم ڈالو یا یہ ہو کہ ہم ڈالیں۔ O

١١٦. کہا تم لوگ ڈالو۔ تو جب ڈالا جادو کر دیا لوگوں کی آنکھوں کو اور ان سب کو ڈرا دیا اور بڑا جادو کر لائے۔ O

١١٧. اور وحی فرما دی ہم نے موسیٰ کی طرف، کہ ڈال دو اپنا عصا۔ تو وہ اسی وقت نگلے جا رہا ہے ان کی گڑھنت کو۔ O

١١٨. تو حق ہو کر رہا اور ملیا میٹ ہو گیا جو وہ کرتے تھے O

١١٩. تو ہار ہو گئی ان کی وہاں اور پلٹے ذلیل O

١٢٠. اور ڈال دئیے گئے جادوگر لوگ سجدہ کرتے ہوئے۔ O

١٢١. سب نے کہا کہ ہم مان گئے پروردگار عالم کو O

١٢٢. پروردگار موسیٰ و ہارون کا۔ O

١٢٣. بولا فرعون کہ تم نے مان لیا اس کے پہلے کہ میں تم کو اجازت دوں؟ بیشک یہ سب ضرور فریب ہی فریب ہے جو تم نے کر

رکھا ہے شہر میں تاکہ نکال دو شہر والوں کو اس سے تو جلد تم جان لو گے O

۱۲۴۔   ضرور میں کاٹ لوں گا تمہارے ایک طرف کے ہاتھ اور ایک طرف کے پاؤں پھر تم سب کو سولی دے دوں گا۔ O

۱۲۵۔   سب نے کہا بیشک ہم سب اپنے پروردگار کی طرف پھرنے والے ہیں۔ O

۱۲۶۔   اور کیا چیز ہماری بری لگی تجھ کو سوا اس کے کہ ہم نے مان لیا اپنے پروردگار کی نشانیوں کو جب وہ ہمارے سامنے آگئیں پروردگار انڈیل دے ہم پر صبر کو اور خاتمہ کر ہمارا مسلمان ہی۔ O

۱۲۷۔   اور بولے چودھری لوگ قوم فرعون کے کہ کیا چھوڑ دو گے موسیٰ اور ان کی قوم کو؟ کہ فساد مچائیں ملک میں اور چھوڑ دیں تم کو اور تمہارے معبودوں کو۔ بولا بہت جلد ہم کاٹ کے رکھ دیں گے ان

کے بیٹوں کو اور زندہ رکھیں گے لڑکیوں اور بیشک ہم ان کے اوپر غالب ہیں۔ O

۱۲۸۔ کہا موسیٰ نے اپنی قوم سے کہ مدد طلب کرو اللہ سے اور صبر کرو۔ بیشک زمین اللہ کی ہے۔۔ وارث بنا دیتا ہے جسے چاہتا ہے اپنے بندوں سے۔ اور انجام بخیر ڈرنے والوں کے لئے ہے۔ O

۱۲۹۔ سب نے کہا کہ دکھ تو ہمیں دیا گیا آپ کے آنے سے بھی پہلے اور پیچھے۔ تسکین دی انھوں نے کہ قریب ہے کہ تمہارا پروردگار تباہ کر دے تمہارے دشمن کو اور تم کو ملک میں حاکم کر دے پھر تم کو مہلت دے کہ کیا کرتے ہو۔ O

۱۳۰۔ اور بیشک دھرا ہم نے آل فرعون کو برسوں کے قحط اور پھلوں کی کمی میں کہ اب نصیحت پائیں۔ O

۱۳۱۔ تو جب آتی ان تک اچھی حالت تو کہتے کہ یہ ہمارا حق ہے۔ اور ان کی مصیبت بنتی کوئی برائی تو بد شگونی بناتے موسیٰ کی اور ساتھ

تھے۔ یادرکھو کہ ان کے شگون کی شامت اللہ کے پاس ہے۔ لیکن ان کے اکثر بے علم ہیں۔ O

۱۳۲. اور کہنے لگے کہ کچھ نشانی لاؤ تاکہ اس کا جادو ہم پر چلا دو تو بھی ہم نہ مانیں گے۔ O

۱۳۳. تو بھیج دیا ہم نے ان پر طوفان اور ٹڈی اور کیڑے اور رینڈکیں اور خون الگ الگ معجزے۔۔۔ تو وہ سب بڑا بنا گئے اور تھے سب مجرم۔ O

۱۳۴. اور جب آ پڑتا ان پر عذاب کہتے کہ اے موسیٰ دعا کرو ہمارے لئے اپنے پروردگار سے کہ تمہارے پاس اس کا عہد ہے۔ اگر ہٹا دیا تم نے ہم سے عذاب کو تو ہم مان ہی جائیں گے تم کو اور ضرور چھوڑ دیں گے تمہارے ساتھ بنی اسرائیل کو۔ O

۱۳۵. پھر جب ہم نے ہٹا دیا ان سے عذاب کو ایسی مدت تک جس کو وہ پائیں گے تو اب وہ عہد توڑ رہے ہیں۔ O

١٣٦۔   پس ہم نے ان سے بدلہ لیا تو ان کو ڈبو دیا دریا میں کیونکہ بیشک انھوں نے جھٹلایا تھا ہماری نشانیوں کو اور اس سے بےخبر تھے۔ O

١٣٧۔   اور مالک بنا دیا ہم نے اس قوم کو جو کمزور کر دیئے گئے تھے اس ملک کے پورب و پچھم کا جس میں برکت دے رکھی ہے ہم نے۔ اور پورا ہو گیا تمہارے پروردگار کا وعدۂ نیک بنی اسرائیل پر۔۔ جو انھوں نے صبر کیا۔ اور ڈھا دیا ہم نے جو بناتے تھے فرعون اور اس کی قوم اور جو چنائی کرتے تھے۔ O

١٣٨۔   اور پار کر دیا ہم نے بنی اسرائیل کو دریا سے تو وہ آئے ایسی قوم پر جو آسن لگائے ہیں اپنے بتوں پر۔ بولے، اے موسٰی ہمارا بھی معبود بنا دو جس طرح ان کے معبود ہیں۔ جواب دیا کہ بیشک تم لوگ جاہل ہو۔ O

١٣٩۔   یہ لوگ جس میں لگے ہیں وہ برباد کیا ہوا ہے اور ان کے کرتوت ناحق ہیں۔ O

۱۴۰۔ کہہ دیا کیا اللہ کے غیر کو تجویز کروں تمہارا معبود حالانکہ اس نے تم کو بڑھنتی دی اوروں پر۔ O

۱۴۱۔ اور جبکہ بچا لیا تھا ہم نے تم کو فرعونیوں سے تمہیں بری مار ماریں۔ تمہارے بیٹوں کو جان سے مار ڈالیں، اور عورتوں کو بچا رکھیں۔ اور اس میں تمہارے پروردگار کی بڑی آزمائش ہے۔ O

۱۴۲۔ اور ہم نے وعدہ فرمایا موسٰی سے تیس رات کا اور مکمل کر دیا میعاد کو دس ملا کر تو ان کے پروردگار کا پورا وعدہ ہوا چالیس رات کا۔ اور کہا موسٰی نے اپنے بھائی ہارون کو کہ ہمارے جا نشین رہنا ہماری قوم میں اور اصلاح کرتے رہنا اور فسادیوں کی راہ نہ چلنا۔ O

۱۴۳۔ اور جب آ گئے موسٰی ہمارے وعدہ پر اور کلام فرمایا ان سے ان کے پروردگار نے عرض کیا پروردگار! تو اپنے کو مجھے دکھا دے کہ میں تجھے دیکھ لوں۔ فرمایا تم ہر گز دیکھ نہیں سکتے۔ ہاں نگاہ کرو پہاڑ کی طرف تو اگر ٹھہرا رہا اپنی جگہ تو جلد تم مجھے دیکھ لو گے۔ پس جب تجلی فرمائی ان کے پروردگار نے پہاڑ پر تو کر دیا اس کو ریزہ ریزہ اور گرے

77

موسیٰ بے خود۔ پھر جب افاقہ ہوا تو کہا کہ پاک ہے تو۔ میری توبہ ہے تیرے یہاں اور میں پہلا مومن ہوں۔ O

۱۴۴۔ فرمایا اے موسیٰ بیشک میں نے چن لیا تم کو اوروں سے اپنے پیغمبروں اور کلام سے۔ تو لے لو جو کچھ میں نے تم کو دیا اور شکر گزار رہو۔ O

۱۴۵۔ اور لکھ دیا ہم نے ان کے لئے تختیوں میں ہر چیز کی نصیحت اور ہر چیز کی تفصیل۔ تو اس کو مضبوطی سے لو اور حکم دو اپنی قوم کو کہ اختیار کریں اس کی خوبیوں کو۔ بہت جلد دکھا دوں گا میں تم کو نافرمانوں کے گھر۔ O

۱۴۶۔ اور بہت جلد پھیر دوں گا میں اپنی آیتوں کی طرف سے انہیں جو بڑائی کی ڈینگ لیتے ہیں زمین میں ناحق۔ اور اگر وہ ساری نشانی دیکھ لیں تو بھی نہ مانیں۔ اور اگر راہ ہدایت دیکھیں تو اسے راہ نہ بنائیں۔

اور اگر دیکھ پائیں گمراہی کی راہ تو چل پڑیں۔ یہ اس لئے انھوں جھٹلایا ہماری آیتوں کو اور اس سے غفلت برتتے تھے۔ O

۱۴۷۔ اور جنھوں نے جھٹلایا ہماری آیتوں کو اور آخرت کے ملنے کو اکارت گئے ان کے سب عمل۔ انھیں بدلہ نہ دیا جائے گا جو ان کے کرتوت تھے۔ O

۱۴۸۔ اور گڑھ لیا قوم موسیٰ نے ان کے بعد اپنے زیوروں سے ایک بچھڑا مورتی گائے کی طرح بولتی۔ کیا یہ انھوں نے نہ دیکھا؟ کہ وہ نہ ان سے بولے اور نہ راہ بتائے انھیں۔۔ اس کو بنا لیا اور بڑے اندھیر کے لوگ تھے۔ O

۱۴۹۔ اور جب اپنے ہاتھوں شرمندگی میں گرے اور دیکھ لیا کہ بیشک بہک بہک گئے تھے کہنے لگے اگر رحم نہ فرمایا ہم پر ہمارے پروردگار نے اور ہم کو بخش نہ دیا تو ہم دیوالیے ہو گئے۔ O

۱۵۰.   اور جب لوٹے موسیٰ اپنی قوم کی طرف بڑے غصہ میں رنجیدہ بولے کہ بری جانشینی کی تم نے میری میرے بعد کیا تم نے حکم پروردگار سے جلد بازی کر دی اور تختیاں ڈال دیں۔ اور اپنے بھائی کا سر پکڑ کر اپنی طرف کھینچنے لگے انھوں نے کہا کہ اے میرے ماں جائے بیشک قوم نے مجھ کو کمزور جانا اور قریب تھا کہ مجھ کو قتل کر ڈالیں تو ہنسنے نہ دیجئے مجھ پر دشمنوں کو اور نہ مجھ کو ان ظالموں میں شمار کیجئے۔ O

۱۵۱.   تو کہا موسیٰ نے کہ پروردگار! بخش دے مجھے اور میرے بھائی کو اور جگہ دے ہم کو اپنی رحمت میں اور تو سب سے زیادہ رحم فرمانے والا ہے۔ O

۱۵۲.   بیشک جنھوں نے بنایا تھا بچھڑے کو بہت جلد پہنچے گا ان تک غضب ان کے پروردگار کا اور رسوائی دنیاوی زندگی میں۔ اور اسی طرح ہم سزا دیتے ہیں گڑھنت والوں کو۔ O

۱۵۳۔ اور جنہوں نے برائیاں کیں اور توبہ کرلی اس کے بعد اور ایمان لے آئے تو بیشک تمہارا پروردگار اس کے بعد غفور رحیم ہے۔ O

۱۵۴۔ اور جب تھما موسیٰ کا غضب تو اٹھا لیا تختیوں کو اور اس کے نوشتہ میں ہدایت و رحمت ہے ان کے لئے جو اپنے پروردگار سے کانپتے ہیں۔ O

۱۵۵۔ اور چنا موسیٰ نے اپنی قوم کے ستر مرد ہمارے وعدہ کے لئے۔ پس جب پڑا انہیں زلزلہ عرض کیا پروردگار اگر چاہتا تو ان کو پہلے ہی ہلاک کر دیتا اور مجھ کو بھی۔ کیا برباد کرے گا تو ہم کو اس کے بدلے جو ہم میں سے بیوقوفوں نے کیا یہ صرف تیری آزمائش ہے۔ اس سے جس کی چاہے گمراہی بتا دے اور جس کو چاہے راہ دے دے۔ تو ہمارا مولیٰ ہے تو ہمیں بخش دے اور ہم پر رحم فرما اور تو سب سے اچھا بخشنے والا ہے۔ O

۱۵۶۔ اور تقدیر لکھ دے ہماری بھلی اس دنیا میں آخرت میں بیشک ہم نے تیری راہ پائی۔ فرمایا میرا عذاب! بھیجوں جس پر چاہوں اور میری رحمت ہر چیز سے وسیع ہے۔ تو بہت جلد اسے لکھ دوں گا ان کے لئے جو ڈریں اور زکوٰۃ دیں اور وہ جو ہماری آیتوں کو مانیں۔ O

۱۵۷۔ جو لوگ پیچھے چلیں اس رسول نبی امی کے کہ پاتے ہیں جس کو لکھا ہوا اپنے پاس توریت و انجیل میں کہ حکم دیں ان کو نیکی کا اور روکیں برائی سے اور حلال کریں ان کے لئے پاکیزہ چیزیں اور حرام کر دیں ان پر گندگیوں کو اور اتار دیں ان سے ان کے بوجھ اور سارے طوق جو گلے پڑے ہیں۔ تو جو ان کو مان گیا اور حق تعظیم ادا کیا اور حمایت کی پیروی کی اس نور کی جو ان کے پاس نازل کی گئی ہے تو وہی لوگ کامیاب ہیں۔ O

۱۵۸۔ پکار دو کہ اے انسان بیشک! میں اللہ کا رسول ہوں تم سب کی طرف وہ جس کی آسمانوں اور زمین کی حکومت ہے۔ نہیں ہے کوئی معبود سوا اس کے وہی جلائے جلائے وہی مارے۔ تو مان جاؤ اللہ کو

اور اس کے رسول نبی امی کو جو مانیں اللہ کو اور اس کے کلمات کو اور غلامی کروان کی کہ ہدایت پاؤ۔ O

۱۵۹. اور قوم موسیٰ میں ایک جماعت ہے جو حق کا راستہ بتائیں اور اس سے حق انصاف کریں۔ O

۱۶۰. اور تقسیم کر دیا ہم نے انھیں بارہ قبیلوں پر الگ الگ گروہ اور وحی بھیجی ہم نے موسیٰ کی طرف جب پانی مانگا ان کی قوم نے کہ اپنا عصا مارو پتھر پر پھوٹے اس سے بارہ چشمے۔ بیشک جان لیا سب لوگوں نے اپنا اپنا گھاٹ۔ اور سایہ ڈال دیا ہم نے ان پر بادل کا اور اتارا ان پر من و سلویٰ کو کہ کھاؤ پاکیزہ چیزیں جو ہم نے دی ہیں تم کو۔ اور انھوں نے ہمارا کچھ نہ بگاڑا لیکن اپنا بگاڑتے تھے۔ O

۱۶۱. اور جب کہا گیا ان کو کہ اس آبادی میں رہو اور یہاں جہاں چاہو کھاؤ اور زبان سے کہو خطا ب معاف اور دروازہ میں داخل ہو سجدہ

کرتے ہوئے تو بخش دیں گے ہم تمہاری خطائیں۔ بہت جلد زیادہ دیں گے ہم مخلص بندوں کو۔ O

۱۶۲.   تو بدل دیا جنھوں نے ان میں سے اندھیر مچایا بات کو اس کے خلاف جو ان کو بتایا گیا تھا تو بھیج دیا ہم نے ان پر عذاب آسمان سے جو اندھیر کر رہے تھے۔ O

۱۶۳.   اور ان سے پوچھو اس آبادی) یعنی ایلہ کے رہنے والوں (کو) کیا پیش آیا اور (دریا) بنام قلزم (کے کنارے کی) اس بستی پر کیا گزری۔ اور قانون الٰہی کا پاس و لحاظ نہ رکھنے کی انھیں کیا سزا ملی؟ O

۱۶۴.   اور جب بولا ان کا ایک گروہ کہ کیوں نصیحت کرتے ہو ان کو اللہ جن کو تباہ کرنے والا اور سخت عذاب دینے والا ہے۔ جواب دیا کہ اپنی معذرت کے لئے پروردگار تمہارے سے اور یوں کہ وہ ڈر جائیں۔ O

۱۶۵۔   تو جب بھول گئے کی نصیحت کی گئی تھی تو بچا لیا ہم نے انھیں جو روکتے تھے گناہ سے اور پکڑا ہم نے انھیں جو اندھیر دھپ چکے تھے، برے عذاب میں کیونکہ وہ نافرمانی کرتے تھے۔ O

۱۶۶۔   پھر جب سرکشی کی جس سے روک دئیے گئے تھے تو ہم نے انھیں ڈانٹا کہ بندر ہو جاؤ ذلیل۔ O

۱۶۷۔   اور جب اعلان عام کر دیا تمہارے پروردگار نے کہ ضرور ان پر بھیجتا رہے گا قیامت تک ایسے کو جو انھیں برا عذاب دیا کریں۔ بیشک تمہارا پروردگار جلد عذاب والا ہے۔ اور بیشک وہ غفور رحیم ہے۔ O

۱۶۸۔   اور ہم نے ٹکڑے ٹکڑے دئیے ان کے زمین میں ٹولی ٹولی۔ بعض تو نیکوکار اور بعض ان سے الگ۔ اور آزمایا ہم نے ان کو اچھی نعمتوں اور بری مصیبتوں سے کہ وہ توبہ کر لیں۔ O

۱٦۹۔ پھر ان کے بعد ان کے جانشین آئے ناخلف کہ کتاب کے وارث ہوئے لے رہے ہیں اس دنیا کی پونجی اور ڈینگتے ہیں کہ بہت جلد ہم بخشے جائیں گے۔ اور اگر آجائے ان کے پاس ایسی ہی اور پونجی تو اسے لے لیں کیا نہیں لیا گیا تھا ان پر کتاب میں مضبوط عہد؟ کہ نہ بولیں اللہ پر مگر حق اور انھوں نے پڑھ لیا ہے جو کچھ اس میں ہے۔ اور دار آخرت بہتر ہے انھیں جو ڈریں۔ تو کیا عقل نہیں رکھتے؟۔ O

۱۷۰۔ اور جو لوگ تھامے ہیں کتاب کو اور قائم رکھا نماز کو تو بیشک ہم نہیں ضائع فرماتے نیکوں کے اجر کو۔ O

۱۷۱۔ اور جب ہم نے اٹھا کر کر دیا پہاڑ کو ان کے سر پر گویا سائبان ہے اور وہ سمجھے کہ وہ ان پر گر پڑے گا، کہ لو جو ہم نے تم کو دیا ہے مضبوطی سے اور یاد رکھو جو اس میں ہے کہ تم اللہ سے ڈرنے لگو۔ O

۱۷۲۔ اور جب لیا تھا تمہارے پروردگار نے اولاد آدم کی پشت سے ان کی نسل کو اور انھیں گواہ بنایا تھا انھیں پر کہ کیا تمہارا پروردگار نہیں

ہوں ؟ سب نے کہا تھا کہ کیوں نہیں ہم سب گواہ ہیں کہ کہہ ڈالو قیامت
کے دن کہ بیشک ہم لوگ اس سے بیخبر تھے ۔ O

۱۷۳۔ یا کہہ ڈالو'' کہ شرک تو ہمارے باپ دادوں نے کیا تھا پہلے
سے اور ہم ان کی نسل تھے ان کے بعد۔ تو کیا تو ہم کو ہلاک کرے گا
اس جرم سے جو باطل پرستوں نے کیا۔ O

۱۷۴۔ اور اسی طرح ہم تفصیل سے بیان کرتے ہیں آیات شاید کہ
وہ لوٹ آئیں۔ O

۱۷۵۔ اور پڑھ کر سنا دو انھیں واقعہ اس کا جس کو ہم نے دیا تھا آیتیں
پھر وہ ان سے نکل ہی گیا۔ تو پیچھا کیا اس کا شیطان نے تو ٹھہرا
گمراہوں سے۔ O

۱۷۶۔ اور اگر ہم چاہتے تو بلند فرما دیتے اس کو ان آیتوں کی بدولت
لیکن وہ تو جھک پڑا پستی کی طرف اور لگ گیا اپنی خواہش کے پیچھے۔ تو
اس کی مثال ہے جیسے کتے کی طرح کہ اگر سختی کرو اس پر تو زبان

نکالے ہانپے اور اگر اسے چھوڑ دو تو بھی زبان نکالے ہانپے یہ مثال ہے اس قوم کی جس نے جھٹلایا ہماری آیتوں کو۔ تو واقعات بیان کر دو کہ وہ سوچ سے کام لیں۔ O

۱۷۷. بری مثال ہے اس قوم کی جس نے جھٹلایا ہماری آیتوں کو اور وہ اپنے ہی لئے اندھیر مچاتے رہے۔ O

۱۷۸. جسے اللہ وہ ہدایت پر ہے۔ اور جس کی گمراہی بتا دے تو وہی دیوالیے ہیں۔ O

۱۷۹. اور بیشک ہم نے پیدا فرمایا جہنم کے لئے بہتیرے جن و انسان۔ ان کے دل ایسے ہیں جن سے وہ سمجھتے نہیں اور ان کی آنکھیں ایسی ہیں کہ ان سے دیکھتے نہیں۔ اور ان کے کان ایسے ہیں کہ جن سے سنتے نہیں۔ وہ ہیں گویا چوپائے بلکہ وہ زیادہ گئے گزرے۔ وہی لوگ بیخبر محض ہیں۔ O

۱۸۰.   اور اللہ کے لئے ہیں سارے اچھے نام تو اسے پکارو ان ناموں سے اور ہٹاؤ انھیں جو کج روی کریں اس کے ناموں میں۔ بہت جلد سزا دیئے جائیں گے جو کرتوت کر رکھا تھا۔ O

۱۸۱.   اور ہم نے جنھیں پیدا کیا ان میں ایک جمہوریت ہے کہ حق بتائیں اور حق ہی انصاف کریں۔ O

۱۸۲.   اور جنھوں نے جھٹلایا ہماری آیتوں کو تو بہت جلد تھوڑا تھوڑا کر کے گرائیں گے ہم ان کو کہ انھیں خبر ہی نہ ہو)O

۱۸۳.   اوران کو مہلت دوں گا۔۔ بیشک میری مکر توڑ تدبیر مضبوط ہے۔ O

۱۸۴.   کیا ان لوگوں نے غور نہیں کیا کہ ان کے ہر دم کے ساتھی مالک میں جنون نہیں ہے۔ وہ بس کھلے بندوں ڈرانے والے ہیں۔ O

۱۸۵۔ کیا انھوں نے نگاہ نہ کی آسمانوں اور زمین کی مملکت میں اور جو کچھ پیدا فرمایا اللہ نے اپنے چاہے سے۔ اور یہ کہ شاید نزدیک آچکی ہو ان کی موت تو کس کلام کو اس بعد مانیں گے؟۔ O

۱۸۶۔ جس کی گمراہی اللہ بتا دے تو اس کا ہادی نہیں۔ اور انھیں چھوڑ دیتا ہے کہ اپنی سرکشی میں اندھرایا کریں۔ O

۱۸۷۔ تم سے سوال کرتے ہیں قیامت کے بارے میں کہ کب مقرر ہے۔ جواب دے دو کہ اس کا علم میرے پروردگار ہی کو ہے۔ نہ ظاہر کریگا اس کو اس کے وقت پر۔۔۔ مگر وہ گراں گزر رہی ہے آسمانوں اور زمین میں۔ نہ آئے گی تمہارے پاس مگر اچانک۔ تم سے پوچھتے ہیں گویا تم خود اس کی کاوش ہے۔ جواب دے دو کہ اس کا علم اللہ ہی کو ہے لیکن بہتیرے لوگ نہیں جانتے۔ O

۱۸۸۔ کہہ دو کہ نہیں مالک ہوں اپنے نفس ہی کے نفع کا اور نہ ضرر کا مگر اللہ کے چاہے سے۔ اور اگر میں غیب ہی بتایا کرتا تو اکٹھا کر لیتا

خوب مال تم لوگوں کا۔ اور مجھ کو چھو بھی نہ جاتی تمہاری ایذا۔ میں تو بس ڈرانے والا اور خوش خبری سنانے والا ہوں ان کو جو مانیں۔ O

۱۸۹.   وہ اللہ جس نے پیدا فرمایا تم کو ایک جان سے اور نکالا اسی جان سے اس کا جوڑا تاکہ سکون ملے۔ تو جب چھا گیا مرد عورت پر تو وہ حاملہ ہو گئی ہلکی پھلکی تو چلتی پھرتی رہے اس کو لئے پھر جب بوجھل پڑی تو دونوں نے دعا کی اللہ اپنے پالنے والے سے کہ اگر تو نے ہم کو نیک اولاد دی تو ہم ضرور شکر گزار ہوں گے۔ O

۱۹۰.   تو جب دے دی ان کو نیک اولاد تو بنانے لگے اس کے شریک اس کے دیئے میں۔ تو بہت بلند ہے اللہ ان کے شرک سے O

۱۹۱.   کیا شریک ٹھہراتے اسے جو کچھ بھی پیدا نہ کرے اور وہ خود پیدا کئے گئے ہوں O

۱۹۲.   وہ شرکاء نہ ان کی مدد کر سکیں اور نہ اپنی مدد کریں۔ O

۱۹۳۔ اور اگر انھیں بلاؤ ہدایت کی طرف تو تمہارے ساتھ نہ چلیں۔ تمہارے لئے برابر ہے خواہ انہیں پکارو خواہ خاموش رہو۔ O

۱۹۴۔ بیشک جن کی تم اللہ کو چھوڑ کر دہائی دیتے ہو وہ تمہاری طرح سے بندے ہیں لو اب ان کو پکارو پھر وہ تمہارا جواب دے دیں اگر تم سچے ہو۔ O

۱۹۵۔ کیا ان کے پاؤں جن سے چلیں یا ان کے ہاتھ جن سے تھامیں یا ان کی آنکھیں ہیں جن سے دیکھیں یا ان کے کان ہیں جن سے سنیں۔ للکار دو کہ بلاؤ اپنے معبودوں کو پھر داؤں چلو مجھ کو مہلت ہی نہ دو۔ O

۱۹۶۔ بیشک میرا مولیٰ اللہ ہے جس نے اتاری کتاب اور وہ نیکوں کا کارساز ہے۔ O

۱۹۷۔ اور جن کی دہائی دیتے ہو اللہ کو چھوڑ کر وہ تمہاری مدد نہیں کر سکتے اور نہ اپنی مدد کریں۔ O

۱۹۸.   اور اگر انھیں راہ پر بلاؤ تو نہ سنیں۔ اور تم دیکھو گے وہ تم کو دیکھ رہے ہیں حالانکہ وہ نہیں دیکھتے۔ O

۱۹۹.   معاف کر دیا کرو اور نیکی کا حکم دیتے رہو اور جاہلوں سے کنارے رہا کرو۔ O

۲۰۰.   اور اگر شیطان کا کونچا تم میں سے کسی کو کونچے تو اللہ کی پناہ مانگ لے۔ بیشک وہ سننے والا جاننے والا ہے۔ O

۲۰۱.   بیشک جو ڈر والے ہیں جب لگا انھیں کوئی چرکا شیطان کا چونک اٹھے فوراً وہ آنکھ والے ہو جاتے ہیں۔ O

۲۰۲.   اور شیطان کے بھائیوں طین کھینچے چلے جاتے ہیں گمراہی میں پھر نہیں۔ O

۲۰۳.   جب نہ لائے تم ان کے پاس کوئی آیت تو بول پڑے کہ خود ہی کیوں نہ بنا لیا۔ جواب دو کہ میں صرف وحی ربانی کی پیروی کرتا

ہوں۔ یہ بصیرت افروز باتیں ہیں تمہارے پروردگار کی طرف سے اور ہدایت و رحمت ان کے لئے جو مان جائیں۔ O

۲۰۴۔ اور جب پڑھا جائے قرآن تو اس کو کان لگا کر سنو، اور چپ رہو کہ رحم کئے جاؤ۔ O

۲۰۵۔ اور یاد کرو اپنے پروردگار کو اپنے دل میں گڑگڑا کر اور ڈر کر اور چلاہٹ سے کم آواز سے صبح و شام اور غفلت والوں میں نہ رہا کرو۔ O

۲۰۶۔ بیشک جو تمہارے پروردگار کے پاس ہیں نہیں بڑے بنتے اس کے پوجنے سے اور اس کی تسبیح کرتے ہیں اور اسی کا سجدہ کرتے ہیں۔ O

۸۔ سورۃ الأنفال

نام سے اللہ کے بڑا مہربان بخشنے والا O

۱.   تم سے پوچھتے ہیں اموال غنیمت کے بارے میں جواب دے دو کہ اموال غنیمت کے مالک اللہ ورسول ہیں۔ تو ڈرتے رہو اللہ کو اور آپس میں صلح رکھا کرو۔ اور کہا مانو اللہ کا اور اس کے رسول کا اگر تم اس کے ماننے والے ہو۔ O

۲.   ماننے والے وہی ہیں کہ جب اللہ کا ذکر کیا گیا ڈر گئے ان کے دل اور جب تلاوت کی گئی ان پر اللہ کی آیتیں، بڑھا دیا ان کے ایمان کو اور اپنے پروردگار پر بھروسہ رکھیں O

۳. جو نماز قائم رکھیں اور جو رزق ہم نے ان کو دیا ہے اس سے خرچ کریں۔ O

۴. وہی ہیں ٹھیک ماننے والے۔ انھیں کے لئے درجے ہیں ان کے پروردگار کے یہاں۔ بخشش ہے اور باعزت رزق ہے۔ O

۵. جس طرح کہ تم کو برآمد کیا تمہارے پروردگار نے تمہارے گھر سے حق کے ساتھ اور بیشک اہل ایمان کے ایک گروہ کو ناپسند تھا۔ O

۶. وہ الجھتے تھے سے امر حق میں بعد اس کے وہ روشن ہو چکا گویا وہ ہانکے جا رہے ہیں موت کی طرف اور وہ دیکھ رہے ہیں۔ O

۷. اور جب کہ وعدہ فرما رہا ہے تم سے اللہ دونوں گروہ دشمن میں سے ایک کہ وہ تمہارا ہے اور تمہاری خواہش یہ کہ بے خطر گروہ تمہارا ہو جائے۔ اور اللہ کا ارادہ یہ کہ اپنے حق کلموں کو حق کر دکھائے اور کافروں کو جڑ سے کاٹ دے۔ O

۸. تاکہ حق کو حق کو ناحق فرما دے گو برا مانیں مجرم لوگ۔ O

۹. جبکہ کہ تم لوگ فریاد کر رہے ہو اپنے پروردگار سے چنانچہ اس نے قبول فرمالی تمہاری کہ بیشک میں مدد فرمانے والا ہوں تمہاری ایک ہزار فرشتوں سے لگاتار۔ O

۱۰. اور نہیں کیا یہ اللہ نے مگر خوش خبری اور تاکہ اطمینان پا جائیں اس سے تمہارے دل اور مدد نہیں مگر اللہ کی طرف سے۔ بیشک اللہ غالب ہے حکمت والا ہے۔ O

۱۱. جب کہ چھائے دے رہا ہے اونگھ تم پر اپنی طرف سے امن کے لئے اور گرا رہا ہے تم پر آسمان سے پانی کہ باطہارت کر دے تم کو اس سے اور دور کر دے تم سے شیطان کی ناپاکی اور تاکہ ڈھارس بندھائے تمہارے دلوں کی اور تمہیں ثابت قدم کر دے۔ O

۱۲. جبکہ پوشیدہ حکم بھیج رہا ہے تمہارا پروردگار فرشتوں کی طرف کہ بیشک میں تمہارے ساتھ ہوں تو مضبوط رکھو جو ایمان لا چکے بہت جلد

میں ڈالے دیتا ہوں کافروں کے دلوں میں رعب تو مارو گردن اوپر اور مارو ان کی ہر ہر پور۔ O

۱۳۔ یہ اس لئے کہ انھوں نے مخالفت کی اللہ کی اور اس کے رسول کی اور جو مخالفت کرے اللہ اور اس کے رسول کی تو اللہ سخت عذاب دینے والا ہے۔ O

۱۴۔ یہ شکست کا مزہ تو چکھو اور بیشک کافروں کے لئے جہنم کا عذاب ہے۔ O

۱۵۔ اے وہ جو ایمان لا چکے! جب مڈ بھیڑ تمہاری ہو کافروں سے لڑائی میں تو ادھر پیٹھ نہ کرو۔ O

۱۶۔ اور جو اس دن پیٹھ پھیرا مگر لڑنے ہی کے لئے پیترا بدلتے ہوئے یا اپنے جتھا میں جا ملنے کے لئے تو بیشک وہ ہو گیا اللہ کے غضب میں اور اس کا ٹھکانہ جہنم ہے۔ اور وہ بری جگہ ہے۔ O

۱۷۔ تو تم نے ان کو نہیں مارا۔ ہاں اللہ نے انہیں قتل فرمایا اور تم نے خاک نہیں پھینکی جب کہ تم نے پھینکی لیکن اللہ نے پھینکی۔ اور تاکہ جانچ کا انعام دے اس سے ایمان والوں کو اچھے نتیجہ کا۔ بیشک اللہ سننے والا جاننے والا ہے۔ O

۱۸۔ تم یہ لو اور بیشک اللہ کافروں کی چال کو کمزور کر دینے والا ہے۔ O

۱۹۔ اگر تم کافر لوگ حق کی فتح مانگتے تھے تو بیشک فتح آگئی۔ اور اگر رک جاؤ تو یہ تمہارے لئے بہتر ہے۔ اور اگر پھر ایسا کیا تو ہم پھر یہی کریں گے۔ اور تمہارے کام نہ آئے گا تمہارا سنگٹھن کچھ گو اکثریت ہو۔ اور بیشک اللہ ایمان والوں کے ساتھ ہے۔ O

۲۰۔ اے وہ جو ایمان لا چکے! کہا مانو اللہ کا اور اس کے رسول کا اور مت پھرو اس سے جب کہ تم سن چکے۔ O

۲۱۔ اور مت ہو جاؤ ان کی طرح جنہوں نے کہا کہ ہم نے سنا حالانکہ وہ نہیں سنتے۔ O

۲۲۔ بیشک جانوروں میں خراب اللہ کے نزدیک گونگا بہرا ہے جسے عقل نہیں۔ O

۲۳۔ اور اگر اللہ جانتا ان میں کچھ بھی خیر تو ان کو سننے والا کر دیتا۔ اور اگر کان والا کر دیتا تو وہ ضرور پھر جاتے رو گردانی کرتے ہوئے۔ O

۲۴۔ اے وہ جو ایمان لا چکے! اپنی حاضری سے جواب دو اللہ اور رسول کا جب پکار لیں تم کو رسول اس کے لئے جو تم کو زندہ کر دے۔ اور جان رکھو کہ بیشک اللہ کا درمیان ہے آدمی اور اس کے قلب کے درمیان اور بیشک اسی کی طرف ہانکے جاؤ گے۔ O

۲۵۔   اور بچو اس شورش سے جو نہیں پہنچتی صرف انہیں کو جنہوں نے اندھیر کیا اور جان رکھو کہ بیشک اللہ سخت عذاب فرمانے والا ہے۔ O

۲۶۔   اور تم لوگ یاد کرو جب کہ تھوڑے ملک میں کمزور ڈرتے رہے کہ کہیں اچک لیں تم کو لوگ تو ٹھکانا دیا تم کو اور مضبوط کیا تم کو اپنی مدد سے اور روزی فرمائی تم کو پاکیزہ چیزیں کہ تم شکر گزار ہو۔ O

۲۷۔   اے وہ جو ایمان لا چکے! نہ خیانت کرو اللہ کی اور نہ رسول کی اور نہ خیانت کرو آپس کی امانتوں میں جان بوجھ کر۔ O

۲۸۔   اور جان رکھو کہ تمہاری اولاد فتنہ ہی ہے۔ اور بیشک اللہ کے یہاں بڑا اجر ہے۔ O

۲۹۔   اے وہ جو ایمان لا چکے! اگر ڈرا کرو اللہ سے تو بنا دے تمہارے لئے چھا نٹنے والا نور اور کفارہ فرما دے تمہاری جانب سے

تمہارے گناہوں کا اور تمہیں بخش دے۔ اور اللہ بڑے فضل والا ہے۔ O

۳۰. اور جبکہ فریب دیتے رہے تم کو کافر تاکہ تم کو جیل میں کر دیں یا ختم کر دیں یا ملک سے نکال دیں اور وہ اپنا داؤں کھیلتے ہیں اور اللہ داؤں کو توڑتا ہے۔ اور اللہ داؤں کا جواب دینے میں بہتر ہے۔ O

۳۱. اور جب پڑھی گئیں ان پر ہماری آیتیں بولے سن لیا اگر ہم چاہیں تو ایسا ہی کہہ لیں۔ یہ صرف اگلوں کے قصے ہیں O

۳۲. اور جب انھوں نے دعا کی کہ خداوندا اگر یہی حق ہے تیرے یہاں سے تو ہم پر برسا دے آسمان سے پتھر یا دے ہم کو دکھ دینے والا عذاب۔ O

۳۳. اور اللہ عذاب بھیجنے والا نہیں جب کہ تم ان میں ہو۔ اور اللہ عذاب کرنے والا نہیں جبکہ استغفار والے استغفار کر رہے ہیں۔ O

۳۴۔ اور انھیں کوئی حق نہیں کہ اللہ پر عذاب نہ فرمائے جبکہ وہ روکتے ہیں مسجد حرام سے اور وہ اس کے اہل نہیں۔ اس کے لئے اہل صرف اللہ سے ڈرنے والے ہیں۔ لیکن ان کے زیادہ بے علم ہیں۔ O

۳۵۔ اور نہ تھی ان کی نماز بیت اللہ کے پاس مگر سیٹی اور تالی۔ تو چکھو عذاب جو کفر کیا کرتے تھے۔ O

۳۶۔ بیشک جنھوں نے کفر کیا خرچ کرتے ہیں اپنے مال کو تاکہ روک دیں اللہ کی راہ سے۔ تو اب اس کو خرچ کر لیں پھر ان پر پچھتاوا کر لیں پھر ہر ا د ئیے جائیں گے۔۔ اور جنھوں نے کفر کیا جہنم کی طرف ہانکے جائیں گے۔ O

۳۷۔ تاکہ الگ کر دے اللہ گندے کو ستھرے سے اور کر دے گندے کو تلے اوپر پھر اس سب کا ڈھیر لگا دے پھر اس کو جہنم میں پھینک دے۔ وہی ہیں گھاٹے میں۔ O

۳۸.　کہہ دو کافروں سے اگر وہ باز آ گئے تو بخش دیا جائے گا ان کا جو کچھ کر گزرے تھے۔ اور اگر پھر بھی کفر کریں تو اگلوں کا طریقہ گزر چکا ہے۔ O

۳۹.　اور قتل کر ڈالوں کو یہاں تک کہ نہ رہ جائے کوئی شورش اور ہو جائے دین سارا اللہ کا۔ تو اگر وہ باز آئے تو بیشک اللہ جو وہ کرتے ہیں اس کا دیکھنے والا ہے۔ O

۴۰.　اور اگر بے رخی برتی تو جان لو کہ بیشک اللہ تمہارا مولیٰ ہے۔ کیسا اچھا مولیٰ اور کیسا اچھا مددگار!۔ O

۴۱.　اور جانو کہ جو کچھ مال غنیمت حاصل کیا تم نے، تو اللہ کا پانچواں حصہ ہے اور رسول کا، اور ان کے قرابت مندوں کا اور یتیموں کا، اور مسکینوں کا اور مسافروں کا۔ اگر مان گئے ہو اللہ کو، اور جو اتارا ہے ہم نے اپنے بندہ پر چھٹائی کے دن، جس دن دونوں فریق میں جنگ کی مڈبھیڑ ہوئی، اور اللہ ہر چاہے پر قادر ہے O

۴۲. جب کہ تم اس طرف والے کنارہ پر، اور وہ اس طرف والے کنارہ پر ہیں، اور قافلہ تم سے نشیب میں۔ اور اگر تم لوگ خود وقت جنگ کو بدلتے، تو آگے پیچھے ہو جاتے وعدہ کے وقت پر، لیکن تاکہ پورا فرما دے اللہ اس کام کو جو ہونہار تھا... تاکہ جو تباہ ہو وہ دلیل سے تباہ ہو، اور جو زندگی پائے وہ دلیل سے پائے۔ اور بیشک اللہ ضرور سننے والا علم والا ہے O

۴۳. جبکہ دکھا رہا ہے اللہ تم کو تمہارے خواب میں انہیں تھوڑا، اور اگر تم کو دکھایا ہوتا انہیں بہت، تو ضرور دل کے چھوٹے تم ہو جاتے، اور ضرور معاملہ میں جھگڑا ڈال دیتے۔ لیکن اللہ نے محفوظ رکھا۔ بیشک وہ سینہ میں چھپی باتوں کا جاننے والا ہے۔ O

۴۴. اور جبکہ دکھا رہا ہے تم کو جس وقت تم لوگ بھڑ گئے، انہیں تمہاری آنکھوں میں تھوڑا، اور تھوڑا تم کو کرتا ہے ان کی آنکھوں میں، تاکہ پورا فرما دے اللہ اس کام کو جس کو ہونا ہی ہے۔ اور اللہ ہی کی طرف ہر کام لوٹائے جاتے ہیں O

۴۵۔ اے وہ جو ایمان لا چکے! جب بھڑ گئے تم فریق مقابل سے، تو ڈٹ جاؤ، اور اللہ کا ذکر بہت کرو، کہ تم کامیاب ہو جاؤ O

۴۶۔ اور کہا مانو اللہ کا اور اس کے رسول کا، اور باہم جھگڑا نہ نکالا کرو، کہ چھٹ دلے ہو جاؤ گے، اور جاتی رہے گی تمہاری بندھی ہوا اور صبر سے کام لیتے رہو، بیشک اللہ صبر کرنے والوں کے ساتھ ہے O

۴۷۔ اور مت ہو جاؤ ان کی طرح جو نکلے اپنے گھروں سے اتراتے اور لوگوں کو دکھاتے، اور روک رہے ہیں اللہ کی راہ سے۔ اور اللہ ان کے کرتوت پر چھائے ہے O

۴۸۔ اور جب سجا دیا ان کے حق میں شیطان نے ان کے کاموں کو، اور کہہ دیا کہ آج کوئی بھی تم سے جیتنے والا نہیں لوگوں میں، اور میں تمہارا ضامن ہوں۔ پھر جب آمنے سامنے ہو گئے دونوں لشکر، تو بھاگا اپنے پیٹھ پیچھے، اور بولا کہ میں الگ ہوں تم سے، بیشک میں وہ دیکھ رہا

ہوں جو تم نہیں دیکھتے، بیشک میں اللہ سے ڈرتا ہوں۔ اور اللہ سخت
عذاب فرمانے والا ہے O

۴۹. جب بکا کریں منافق لوگ، اور وہ جن کے دلوں میں بیماری
ہے، کہ مغرور کر دیا ہے ان مسلمانوں کو ان کے دین نے، اور جو
بھروسہ رکھے اللہ پر، تو بیشک اللہ غلبہ والا حکمت والا ہے O

۵۰. اور اگر تم دیکھو جب میعاد زندگی ان کی جنھوں نے کفر کیا،
پوری کرتے ہیں فرشتے، طمانچے گھونسے لگاتے ہیں ان کے منہ اور
پیٹھ پر، کہ اور چکھو عذاب آگ کا O

۵۱. یہ سزا ہے جو تمہارے ہاتھوں نے پہلے کیا، اور بیشک اللہ
نہیں ہے ظالم، بندوں پر O

۵۲. جیسا ڈھنگ تھا فرعونیوں کا، اور جو ان سے پہلے تھے، کہ
انکار کر دیا اللہ کی آیتوں کا، تو پکڑا ان کو اللہ نے ان کے گناہوں کے
بدلے۔ بیشک اللہ قوی ہے سخت عذاب فرمانے والا ہے O

۵۳. یہ یوں کہ بیشک اللہ نہیں بدلا کرتا کسی نعمت کو، جو کسی قوم کو انعام فرما دیا، یہاں تک کہ وہ اپنے آپ کو بدل دے۔ اور بیشک اللہ سننے والا علم والا ہے O

۵۴. جیسے دستور تھا فرعونیوں، اور ان سے پہلوں کا، جھٹلایا اپنے پروردگار کی آیتوں کو، تو تباہ کر دیا ہم نے ان کو ان کے گناہوں کی سزا میں، اور ڈبو دیا فرعونیوں کو۔ اور سب ہی اندھیر والے تھے O

۵۵. بیشک بڑے جانور اللہ کے یہاں ہیں جنھوں نے انکار کیا، تو پھر مانتے ہی نہیں O

۵۶. جن سے تم نے معاہدہ کیا پھر وہ عہد شکنی ہر بار کرتے رہتے ہیں، اور نہیں ڈرتے O

۵۷. پس اگر گرفتار کر پاؤ ان کو لڑائی میں، تو ان کی مار کاٹ سے بھگا دو جو ان کے پیچھے ہیں، کہ شاید انہیں نصیحت ہو O

۵۸۔ اور اگر ڈرو کسی قوم سے خیانت کرنے کو، تو پھینک دو معاہدہ ان کی طرف، برابر برابر۔ بیشک اللہ نہیں پسند فرماتا دغابازوں کو O

۵۹۔ اور اس گھمنڈ میں نہ رہیں وہ جو کافر ہوئے، کہ بچ کر نکل گئے۔ بیشک وہ تھکان پائیں گے گرفتار کرنے والے کو O

۶۰۔ اور تم لوگ ان کافروں کے لئے تیار رہو جو کچھ تم سے ہو سکے، زور سے، اور گھوڑا باندھنے سے، جس سے دھاک بٹھا رہے ہو۔ اللہ کے دشمن اور اپنے دشمن پر، اور دوسرے اور لوگوں پر۔ جنہیں تم جانتے نہیں۔ اللہ ان کو جانتا ہے۔ اور جو کچھ خرچ کرو اللہ کی راہ میں، پورا پورا دیا جائے گا تمہیں، اور تم ظلم نہ کئے جاؤ گے O

۶۱۔ اور اگر وہ لوگ صلح کی خواہش کریں، تو تم صلح کو منظور کر لو، اور اللہ پر بھروسہ رکھو۔ بیشک وہی سننے والا علم والا ہے O

۶۲۔ اور اگر چاہیں کہ دھوکہ دیں تم کو، تو بلاشبہ تمہارے لئے اللہ کافی ہے۔ وہی ہے جس نے تائید فرمائی تمہاری اپنی مدد سے اور ایمان والوں سے O

۶۳۔ اور الفت ڈال دی ان کے دلوں میں۔ اگر خرچ کر ڈالتے جو کچھ زمین میں ہے سب، تو بھی الفت نہ پاتے ان کے دلوں میں، لیکن اللہ نے الفت پیدا کر دی ان میں۔ بیشک وہ غلبہ والا حکمت والا ہے O

۶۴۔ اے آنحضرت! "بالکل کافی ہے تمہیں اللہ اور جو پیچھے چلے تمہارے ایمان والا O

۶۵۔ اے آنحضرت! "ابھارو اپنے ماننے والوں کو، جہاد پر، "اگر تم میں ہوں گے بیس صبر آزما، تو جیتیں گے دو سو کو۔ اور اگر تم سو ہوئے، تو جیتو گے ایک ہزار کافروں کو۔ کیونکہ وہ لوگ بے کچھ سمجھے لڑتے ہیں O

٦٦. اب ہلکا کر دیا اللہ نے تم سے، اور کھل گیا کہ تم میں کمزوری ہے۔ تو اگر تمہارے ایک سو صابر ہوں، تو جیتیں گے دو سو کو۔ اور اگر ہوں گے تمہارے ایک ہزار، تو جیتیں گے دو ہزار کو، اللہ کے حکم سے۔ اور اللہ صبر کرنے والوں کے ساتھ ہے O

٦٧. یہ کسی نبی سے نہ ہوا کہ اس کے ہوں قیدی لوگ، یہاں تک کہ خون ریزی کی دھوم مچا دے زمین میں۔ تم لوگ چاہتے ہو دنیا کی پونجی۔ اور اللہ پسند فرماتا ہے آخرت کو۔ اور اللہ غلبہ والا حکمت والا ہے O

٦٨. اگر اللہ کا لکھا آگے نہ آتا، تو پہنچ جاتا تم لوگوں کو جو تم نے لیا ہے اس سلسلہ میں بڑا دکھ O

٦٩. تو کھاؤ جو مال غنیمت تم نے پایا حلال طیب۔ اور اللہ سے ڈرتے رہو، بیشک اللہ غفور رحیم ہے O

۷۰. اے آنحضرت! تم کہہ دو جو قیدی ہیں تمہارے ہاتھ میں، کہ اگر پایا اللہ نے تمہارے دلوں میں نیک نیتی کو، تو دے گا تم کو بہتر اس سے جو لیا گیا ہے تم سے، اور بخش دے گا تم کو، اور اللہ غفور و رحیم ہے O

۷۱. اور اگر انہوں نے تم سے دغا کی، تو پہلے بھی دغا کر چکے ہیں اللہ سے، تو اس نے گرفتار کرا دیا انہیں۔ اور اللہ علم والا حکمت والا ہے O

۷۲. بیشک جو ایمان لائے، اور ہجرت کی، اور جہاد کیا اپنے مال و جان سے اللہ کی راہ میں، اور جنہوں نے ٹھکانہ دیا، اور مدد کی، وہ لوگ ایک دوسرے کے وارث ہیں۔ اور جنہوں نے ایمان قبولا اور ہجرت نہ کی، نہیں ہے تمہارا ان کی وراثت میں کچھ، یہاں تک ہجرت کریں۔ اور اگر مدد مانگیں تم سے دین کے معاملہ میں، تو تم پر واجب ہے مدد کرنا، مگر بمقابلہ اس قوم کے، کہ تمہارے اور ان کے درمیان کوئی معاہدہ ہے۔ اور اللہ جو کرو دیکھنے والا ہے O

۷۳۔ اور جنہوں نے کفر کیا، ان میں ایک دوسرے کے وارث ہیں۔ اگر تم نے یہ نہ کیا، تو ہوگا فتنہ زمین میں، اور بڑا افساد O

۷۴۔ اور جو ایمان لائے، اور ہجرت کی، اور جہاد کیا، اللہ کی راہ میں، اور جنہوں نے ٹھکانا دیا اور مدد کی، وہی ماننے والے ہیں حق۔ ان کے لئے بخشش ہے اور عزت کی روزی ہے O

۷۵۔ اور جو ایمان لائے اب پیچھے سے اور ہجرت کی، اور جہاد کیا تمہارے ساتھ، تو وہ تم میں سے ہیں۔ اور رشتہ والے ایک دوسرے سے زیادہ قریبی ہیں، اللہ کی کتاب میں۔ بیشک اللہ سب کچھ کا جاننے والا O

۹۔ سورۃ التوبہ

۱۔ دست برداری ہے اللہ اور اس کے رسول کی ، جن عہد شکن مشرکین سے تم نے معاہدہ کیا تھا O

۲۔ کہ چل پھر لو زمین میں چار مہینے ، اور معلوم رہے کہ تم نہیں تھکا سکتے اللہ کو اور بیشک اللہ کافروں کو رسوا فرمانے والا ہے O

۳۔ اور کھلا اعلان ہے اللہ اور اس کے رسول کا لوگوں تک ، حج اکبر کے دن ، کہ بیشک اللہ بیزار ہے مشرکوں سے ۔ اور اس کا رسول ، تو اگر تم لوگوں نے توبہ کرلی ، تو یہی بھلا ہے تمہیں ۔ اور اگر منہ پھیرے رہے تو جانے بوجھے رہنا ، کہ تم نہ تھکا پاؤ گے اللہ کو ۔ اور خبر دے دو جنہوں نے انکار کیا ، دکھ دینے والے عذاب کا O

۴.	مگر جن مشرکین سے تم نے معاہدہ کیا، پھر انہوں نے کچھ نہیں کمی کی، اور نہ پیٹھے پر ہاتھ رکھا، تمہارے مقابلہ پر کسی کے، تو پورا کر لو ان کے معاہدہ کو میعاد تک۔ بیشک اللہ پسند فرماتا ہے پرہیزگاروں کو O

۵.	پھر جب گزر جائیں حرمت والے مہینے، تو قتل کر دو مشرکین کو جہاں تم ان کو پا جاؤ، اور انہیں پکڑو، اور انہیں قید کر لو، اور بیٹھ جاؤ ان کے لئے ہر تاک کی جگہ پر۔ پھر اگر انہوں نے توبہ کر لی اور نماز قائم کرنے لگے، اور زکوٰۃ ادا کیا کئے، تو چھوڑ دو ان کی راہ۔ بیشک اللہ غفور و رحیم ہے O

۶.	اور اگر کوئی مشرک پناہ مانگے تمہاری، تو پناہ دو، یہاں تک کہ وہ سن لے کلام اللہ کو، پھر اس کو پہنچا دو اس کے ٹھکانے، یہ اس لئے کہ یہ لوگ بے علم ہیں O

۷.	کس طرح مشرکین کا کوئی عہد اللہ اور اس کے رسول کے یہاں ہو، مگر جن سے تمہارا معاہدہ مسجد حرام کے پاس ہو۔ تو جب تک

وہ اس پر تمہارے لئے جمے رہیں، تم بھی ان کے لئے قائم رہو، بیشک اللہ محبوب رکھتا ہے پرہیزگاروں کو O

۸۔ کیسی بات حالانکہ وہ چڑھا پائیں تم پر، تو نہ دیکھیں تمہاری کوئی قرابت، نہ کوئی عہد۔ خوشی کریں تم کو اپنی زبانی باتوں سے، اور ان کے دل نہیں مانتے۔ اور ان میں اکثر نافرمان ہیں O

۹۔ لے لیا اللہ کی آیتوں کے بدلے قیمت ذلیل چیز کو، پھر روک پیدا کی اللہ کی راہ سے۔ بیشک ان کے برے کرتوت رہے O

۱۰۔ پرواہ نہ کریں مومن کے حق میں کسی رشتہ کا اور نہ معاہدہ کا، اور وہی لوگ سرکش ہیں O

۱۱۔ پھر اگر انہوں نے توبہ کر لی اور نماز قائم کر لی، اور زکوٰۃ دیا کئے، تو تمہارے بھائی ہیں دین میں، اور ہم تفصیل فرماتے ہیں آیتوں کی ان کے لئے جو علم رکھتے ہیں O

۱۲۔	اور اگر توڑ ڈالا اپنی قسموں کو عہد کرنے کے بعد، اور چوٹ شروع کر دی تمہارے دین میں، تو مار ڈالو کفر کے برغنوں کو۔ بیشک ان کی کوئی قسم نہیں، کہ اب تو رکیں O

۱۳۔	کیا نہ قتل کر ڈالو گے ان کو جنہوں نے اپنی قسمیں توڑیں، اور سازش کی رسول کے نکالنے کی، اور انہیں نے ابتدا کی تم سے پہلی بار۔ کیا تم انہیں ڈرتے ہو؟ تو اللہ زیادہ حق دار ہے کہ اس سے ڈرو، اگر اس کے ماننے والے ہو O

۱۴۔	جہاد کرو ان سے، عذاب دے گا ان کو اللہ تمہارے ہاتھوں سے، اور انہیں رسوا کریگا۔ اور تمہاری مدد فرمائے گا ان پر۔ اور آرام دیگا مسلمان قوم کے سینوں کو O

۱۵۔	اور دور کر دے گا ان کے دلوں کے غصے کو، اور توبہ قبول فرما لیتا ہے اللہ جس کو چاہے۔ اور اللہ علم والا حکمت والا ہے O

۱۶. کیا تم نے خیال کر لیا کہ چھوڑ دیئے جاؤ گے؟ حالانکہ اللہ نے ابھی معلوم نہیں کرایا جنہوں نے تم میں سے جہاد کیا۔ اور نہیں بنایا اللہ و رسول اور قومِ مسلم کو چھوڑ کر، کوئی راز دار۔ اور اللہ باخبر ہے جو کرتے ہو O

۱۷. مشرکین کا کام نہیں ہے کہ آباد کریں مسجدیں اللہ کی، گواہی دیتے ہوئے اپنے اوپر کفر کی۔ ان لوگوں کا کیا دھرا اکارت ہو گیا۔ اور دوزخ ہی میں وہ ہمیشہ رہنے والے ہیں O

۱۸. اللہ کی مسجدیں وہ آباد کرتے ہیں، جو ایمان لے آئے اللہ پر وہ پچھلے دن پر اور قائم کی نماز اور دی زکوٰۃ، اور نہ ڈرا سو اللہ کو، تو قریب ہے کہ وہ ہدایت والے ہوں O

۱۹. کیا بنا دیا تم لوگوں نے حاجی کو پانی پلانا اور مسجدِ حرام کو آباد کرنا، اس شخص کی طرح، جو ایمان لایا اللہ پر اور پچھلے دن پر، اور جہاد کیا

اللہ کی راہ میں ۔ یہ سب برابر نہیں ہیں اللہ کے نزدیک ، اور اللہ راہ نہیں

دیتا اندھیر مچانے والی قوم کو O

۲۰. جو لوگ ایمان لائے ، اور ہجرت کی ، اور جہاد کیا اللہ کی راہ میں ، اپنے مال و جان سے ، ان کا بہت بڑا درجہ ہے اللہ کے نزدیک ۔ اور وہی لوگ بامراد ہیں O

۲۱. ان کو خوشخبری دیتا ہے ان کا رب ، اپنی رحمت اور خوشنودی کی ، اور جنتوں کی ، جس میں ان کے لئے نعمت ہے دوامی O

۲۲. ہمیشہ ہمیش رہنے والے اس میں ۔ بیشک اللہ ، اس کے یہاں بڑا اجر ہے O

۲۳. اے وہ جو ایمان لا چکے ! نہ بناؤ اپنے باپ دادوں کو اور اپنے بھائیوں کو دوست ، اگر انہوں نے پسند کر لیا کفر کو ایمان پر ۔ اور جو دوستی رکھے ان کی تم میں سے ، تو وہی ہیں اندھیر کرنے والے O

۲۴. کہہ سنا دو، کہ اگر ہیں تمہارے باپ دادے اور تمہارے بیٹے اور تمہارے بھائی اور تمہارے جوڑے اور تمہارا کنبہ، اور وہ مال جس کو کما رکھا ہے تم نے اور دکان داری، کہ ڈرا کرتے ہو جس کی کساد بازاری کو، اور گھر جو تمہیں پسند ہیں، سب زیادہ پیارے ہیں تمہیں اللہ اور اس کے رسول اور اس کی راہ میں جہاد کرنے سے، تو انتظار کرو یہاں تک، دے اللہ سزا۔ اور اللہ راہ نہیں دیتا نافرمان قوم کو O

۲۵. بیشک ضرور مدد فرمائی تمہارے اللہ نے بہتیری جگہوں میں، اور حنین کے دن، جبکہ خوش کر دیا تھا تم کو تمہاری کثرت نے، تو نہ بنا سکی وہ کثرت تمہارے لئے کچھ، اور تنگ ہو گئی تم پر زمین باوجود اپنی وسعت کے، پھر پیٹھ دکھا کر پھر گئے تم O

۲۶. اس کے بعد اتارا اللہ نے سکون کو اپنے رسول پر اور مسلمانوں پر۔ اور اتارا ان لشکروں کو جن کو تم لوگوں نے نہیں دیکھا۔ اور عذاب بھیجا کفر کرنے والوں پر۔ اور یہ سزا ہے کافروں کی O

۲۷.　پھر توبہ قبول فرمالے اللہ اس کے بعد جس کی چاہے۔ اور اللہ غفور رحیم ہے O

۲۸.　اے وہ جو ایمان لا چکے! مشرکین نرے ناپاک ہیں، تو نزدیک نہ آنے پائیں مسجد حرام کے، اس سال کے بعد۔ اور اگر تمہیں ڈر ہے محتاجی کا، تو جلد دھنی بنا دے گا تم کو اللہ اپنے فضل سے، انشاء اللہ۔ بیشک اللہ دانا حکیم ہے O

۲۹.　قتل کر دو جو نہ مانیں اللہ کو اور نہ پچھلے دن کو، اور نہ حرام جانیں جس کو حرام فرما دیا اللہ اور اس کے رسول نے، اور نہ قبول کریں دین برحق کو، جن کو کتاب بھی دی گئی تھی، یہاں تک کہ دیں جزیہ اپنے ہاتھ سے ذلیل ہو کر O

۳۰.　اور ڈینگ لی یہود نے، کہ عزیر اللہ کے بیٹے ہیں۔ اور جھک مارا عیسائیوں نے، کہ مسیح اللہ کے بیٹے ہیں۔ یہ ان کی زبانی گپیں ہیں۔

برابری کر رہے ہیں بات میں ان کی جو کافر تھے پہلے۔ خدا ان کو غارت کرے! کہاں اوندھائے ہیں O

۳۱۔ بنا رکھا ہے اپنے پادریوں اور اپنے پوپوں کو اللہ کو چھوڑ کر رب، اور مسیح ابن مریم کو، اور وہ مامور نہیں کیئے گئے، مگر یہ کہ پوجیں معبود کو جو ایک ہے۔ نہیں ہے کوئی پوجنے کے قابل سوا اس کے، پاک ہے وہ اس سے جس کو شریک بناتے ہیں O

۳۲۔ چاہتے ہیں کہ بجھا دیں اللہ کا نور اپنی پھونک سے، اور اللہ کو نامنظور ہے، مگر یہ کہ پورا کر دکھائے اپنا نور، گو برا مانیں کافر لوگ O

۳۳۔ وہی ہے کہ بھیجا اپنے رسول کو ہدایت، اور دین برحق کے ساتھ، تاکہ غالب فرما دے اسے سارے دینوں پر، گو تلملا اٹھیں مشرک لوگ O

۳۴۔ اے وہ جو ایمان لاچکے! بیشک بہتیرے پادری اور جوگی، کھا جاتے ہیں لوگوں کے مال کو ناحق، اور روکیں اللہ کی راہ سے۔ اور جو

لوگ اکٹھا کریں سونا اور چاندی کو، اور نہ خرچ کریں اسے اللہ کی راہ میں تو خبر دے دیجئے انہیں دکھ دینے والے عذاب کی 〇

۳۵۔ جس دن وہ سب تپایا جائے گا جہنم کی آگ میں، پھر داغ دیئے جائیں گے اس سے ان کی پیشانیاں، اور ان کی کروٹیں اور ان کی پشت یہ ہے، کہ جس کو خزانہ بنایا تھا تم نے اپنا، اب چکھو جو اکٹھا کیا کرتے تھے 〇

۳۶۔ بیشک مہینوں کا شمار اللہ کے نزدیک بارہ مہینے ہیں کتاب الٰہی میں۔ جس دن سے پیدا فرمایا تھا آسمانوں کو اور زمین کو، ان میں سے چار محترم ہیں۔ یہ ہے سیدھا قانون... تو اندھیر نہ کرو ان مہینوں میں اپنے اوپر، اور جہاد کرو مشرکین سے سب، جس طرح وہ جنگ کرتے ہیں تم سے سب۔ اور جان لو کہ اللہ اپنے ڈرنے والوں کے ساتھ ہے 〇

۳۷۔ مہینہ کو ٹالنا، صرف نہ ماننے میں بڑھ جانا ہے، اس سے گمراہ کیا جاتا ہے ان کو جو کافر ہیں، کہ حلال قرار دیں ایک برس اور حرام

جانیں دوسرے برس، تاکہ برابر کردیں چار کی گنتی کو جنہیں حرمت دی اللہ نے، کہ حلال کرلیں جس کو حرام کیا اللہ نے۔ انہیں اچھی لگی اپنی بداعمالی۔ اور اللہ راہ نہیں دیتا کافر قوم کوO

۳۸.	اے وہ جو ایمان لاچکے! تمہیں کیا ہوا کہ جب کہا گیا تم کو کہ چل پڑو اللہ کی راہ میں، تو بوجھ بن کر زمین پر گر پڑتے ہو۔ کیا تم پسند کرتے ہو دنیاوی زندگی کو آخرت سے، تو دنیا زندگی کی پونجی آخرت میں محض تھوڑی سی ہےO

۳۹.	اگر تم لوگ کوچ نہ کروگے، تو عذاب دے گا تم کو دکھ والا عذاب۔ اور لے آئے گا تمہارے بدلے دوسری قوم تمہارے سوا، اور نہ بگاڑ پاؤگے اس کا کچھ۔ اور اللہ ہر چاہے پر قادر ہےO

۴۰.	اگر تم لوگ نبی کی مدد نہ کروگے، تو بیشک ان کی مدد تو اللہ نے کی ہے، جبکہ ان کو نکالنے کی سازش کی تھی جنہوں نے کفر کیا تھا، دو جان، جبکہ دونوں غار میں ہیں، جب کہتے ہیں اپنے صحابی سے کہ رنج نہ کرنا، یقیناً اللہ ہمارے ساتھ ہے۔ تو اتار دیا اللہ نے اپنی تسلی کو ان پر،

اور مضبوط کر دیا ان کو ان لشکروں سے جن کو تم لوگوں نے نہیں دیکھا، اور کر دیا کافروں کے بول کو نیچا۔ اور اللہ ہی کا بول بالا ہے۔ اور اللہ غلبہ والا حکمت والا ہے O

۴۱. کوچ کرو خواہ ہلکے پھلکے اور خواہ بھرے بھرے، اور جہاد کرو اپنے مال و جان سے اللہ کی راہ میں۔ یہ تمہارے لئے بہتر ہے اگر بوجھو O

۴۲. اگر ہوتا آس پاس کا مال اور سفر معتدل، تو وہ سب ساتھ ہوتے تمہارے۔ لیکن دور لگی انہیں دشوار مسافت، اور بہت جلد قسم کھائیں گے اللہ کی، کہ اگر ہم سکت رکھتے تو ضرور نکلے ہوتے تمہارے ساتھ۔ وہ تباہ کر رہے ہیں اپنے آپ کو۔ اور اللہ جانتا ہے کہ وہ یقیناً جھوٹے ہیں O

۴۳. اللہ معاف کرے، تم نے کیوں چھٹی دے دی انہیں، کہ آخر کھل جاتے سچے، اور پہچان لیتے جھوٹوں کو O

۴۴۔ چھٹی تم سے نہ لیں گے جو مانتے ہیں اللہ کو اور پچھلے دن کو، اپنے مال و جان سے جہاد کرنے سے، اور اللہ جانتا ہے اپنے ڈرنے والوں کو O

۴۵۔ چھٹی وہی مانگتے ہیں جو نہ اللہ کو مانیں، نہ قیامت کو مانیں، شک میں پڑے ہیں ان کے دل۔ تو وہ اپنے شک میں ہچکولے لیتے ہیں O

۴۶۔ اور اگر جانا چاہتے تو اس کا سامان کرتے، لیکن اللہ ہی کو ان کا اٹھنا منظور نہ تھا، تو انہیں احدی کر دیا، اور کہہ دیا گیا کہ معذوری سے بیٹھنے والوں کے ساتھ تم بھی بیٹھ رہو O

۴۷۔ وہ لوگ اگر نکلتے تم میں، تو نہ بڑھاتے تم میں سوا نقصان کے، اور ضرور گپیں اڑاتے تم میں، چاہتے کہ تم میں فتنہ پڑ جائے۔ اور تم میں ان کی بات سننے والے ہیں۔ اور اللہ دانا ہے ان ظالموں کا O

۴۸۔ بیشک انہوں نے فتنہ مچانا چاہا پہلے، اور الٹا کئے تمہارے کاموں کو، یہاں تک کہ حق آیا اور اللہ کی مرضی ظاہر ہو گئی، اور وہ ناک بھوں چڑھائے ہیں O

۴۹۔ اور ان کے بعض کہتے ہیں کہ مجھے چھٹی دیجئے، اور فتنہ میں نہ ڈالئے۔ خبردار! وہ لوگ خود فتنہ میں گر پڑے۔ اور بیشک جہنم کافروں پر گھیرا ڈالے ہے O

۵۰۔ اگر پہنچے تم کو خیریت، تو انہیں برا لگے۔ اور اگر پہنچے مصیبت، تو کہیں کہ بیشک ہم نے بنا لیا تھا اپنا معاملہ پہلے ہی سے۔ اور منہ پھیرے بڑے خوش O

۵۱۔ کہہ دو، کہ "ہرگز نہ پہنچے گا ہمیں، مگر جو لکھ دیا اللہ نے ہمارے لئے۔ وہ ہمارا مولیٰ ہے"۔ اور اللہ ہی پر تو مسلمانوں کا بھروسہ ہے O

۵۲۔ کہہ دو کہ ہمارے لئے کیا انتظار کرتے ہو بجز دو بھلائیوں میں ایک۔ اور ہم تمہارا انتظار کرتے ہیں اس کا، کہ مصیبت میں ڈال دے تمہیں اللہ، عذاب بھیج کر اپنے پاس سے یا ہمارے ہاتھوں سے، تو تم انتظار کرتے رہو، ہم بھی تمہارے ساتھ منتظر ہیں O

۵۳۔ فیصلہ کر دو کہ تم لوگ خرچ کرو خوشی سے یا دباؤ سے، تم لوگوں سے قبول نہ کیا جائے گا۔ بیشک تم نافرمان لوگ تھے O

۵۴۔ اور نہیں ہے کوئی رکاوٹ ان کی کہ قبول کر لیا جائے ان کا خرچ کرنا، مگر یہ کہ انہوں نے کفر کیا اللہ اور رسول کے ساتھ، اور نہیں آتے نماز کو مگر بے جی کے، اور نہ خرچ کریں مگر دباؤ میں پڑ کر O

۵۵۔ تو تعجب میں نہ ڈالیں تم کو ان کے مال، نہ اولاد۔ اللہ یہی چاہتا ہے کہ عذاب دے ان چیزوں سے دنیاوی زندگی میں، اور ان کا دم نکلے جب کہ وہ کافر ہی ہو O

۵۶.	اور قسمیں کھاتے ہیں اللہ کی کہ وہ تم میں ضرور ہیں۔ حالانکہ وہ تم میں سے نہیں۔ ہاں وہ تم سے ڈرتے ہیں O

۵۷.	اگر پا جائیں کو پناہ گاہ، یا سرنگ، یا سوراخ، تو ادھر جھک پڑتے، دوڑتے ہوئے O

۵۸.	اوران میں کوئی ہے، کہ نکتہ چینی کرتا ہے تم پر صدقات میں، چنانچہ اگران کو دیا گیا تو خوش ہو گئے، اور اگر نہیں دیا گیا تو خفا ہیں O

۵۹.	کاش وہ خوش ہو جاتے جو دے دیا تھا ان کو اللہ اوراس کے رسول نے۔ اور کہتے کہ کافی ہے ہمیں اللہ، بہت جلد دے گا ہمیں اللہ اپنے فضل سے، اوراس کا رسول۔ بیشک ہم اللہ کی طرف راغب ہیں O

۶۰.	صدقات تو مالک بنا دینا ہے، صرف فقیروں کو، اور ناداروں کو، اور جو تحصیلنے کو عامل اس پر ہیں۔ اور جن کے دل کو لگائے رکھنا ہے، اور غلام کو آزاد کرنے میں، اور قرض داروں کو،

اور اللہ کی راہ میں، اور حاجت مند مسافروں کو۔ یہ اللہ کی طرف سے مقرر ہے۔ اور اللہ علم والا حکمت والا ہے O

۶۱. اور ان میں کوئی ہیں کہ دکھ دیتے ہیں آنحضرت کو، اور کہتے ہیں کہ وہ تو کان کے ہلکے ہیں''۔ جواب دے دو کہ تمہارے بھلے کو کان کے ہلکے ہیں''، مانتے ہیں اللہ کو اور مان جاتے ہیں ایمان والوں کی بات کو، اور سراپا رحمت ان کے لئے جو ایمان لا چکے تم میں سے۔ اور جو دکھ دیں رسول اللہ کو، ان کے لئے دکھ دینے والا عذاب ہے O

۶۲. اللہ کی قسمیں تم سے کھاتے ہیں، کہ تم کو راضی کر لیں۔ اور اللہ اور اس کا رسول زیادہ حق دار ہے کہ اس کو راضی کرتے، اگر مانتے ہوتے O

۶۳. کیا انہوں نے یہ نہ جانا، کہ جو مخالفت کرے اللہ اور اس کے رسول کی، تو اس کے لئے جہنم کی آگ ہے، ہمیشہ رہنے والا اس میں۔ یہ بڑی رسوائی ہے O

۶۴.   ڈرتے رہتے ہیں منافق لوگ، کہ اتاری جائے ان مسلمانوں پر کوئی سورت، جو بتا دے انہیں جو منافقوں کے دل میں ہے۔ کہہ دو کہ اڑاؤ ٹھٹھا، بیشک اللہ سامنے لانے والا ہے وہ جس کو ڈرا کرتے ہیں O

۶۵.   اور اگر ان سے جواب طلب کرو، تو ضرور کہیں گے، کہ ہم تو بس گپ لڑاتے اور کھیل رہے تھے"۔ حکم دے دو کہ کیا اللہ سے اور اس کی آیتوں سے اور اس کے رسول سے ٹھٹھا کر رہے تھے O؟

۶۶.   بات نہ بناؤ بیشک تم کافر ہو گئے مسلمان ہونے کے بعد۔ اگر ہم معافی دیں تم میں سے کچھ کو تو عذاب بھی دیں گے بعض کو، کیوں کہ وہ اصل مجرم تھے O

۶۷.   منافق مرد و عورت سب ایک دوسرے سے ہیں ... حکم دیں برائی کا، اور روکیں نیکی سے، اور بند رکھیں اپنی مٹھی۔ وہ سب

131

بھول گئے اللہ کو، تو اللہ بے پرواہ ہوگیا ان سے۔ بیشک منافق لوگ نافرمان ہیں O

۶۸۔ وعدہ فرمایا اللہ نے منافق مرد و عورت اور کافروں سے جہنم کی آگ کا، ہمیشہ رہا کریں اس میں۔ وہی انہیں کافی ہے۔ اور پھٹکار دیا ان کو اللہ نے۔ اور ان کے لئے دائمی عذاب ہے O

۶۹۔ جس طرح وہ، جو تم لوگوں سے پہلے تھے، تم سے زیادہ زور دار تھے، اور زیادہ مال دار، اور اولاد والے، تو وہ رہے سہے اپنی تقدیر کے موافق، پھر تم رہنے سہنے لگے اپنی تقدیر کے موافق۔ جس طرح رہن سہن کی تھی تم سے پہلوں نے اپنی تقدیر بھر، اور تم نے گپیں اڑائیں جس طرح وہ گپ مار چکے۔ وہ ہیں کہ اکارت ہو گئے ان کے عمل دنیا و آخرت میں۔ اور وہی ہیں دیوالیہ مارے O

۷۰۔ کیا نہیں آئی ان تک خبر ان کی جو ان سے پہلے تھے، قوم نوح و عاد و ثمود۔۔۔ و قوم ابراہیم و اہل مدین، اور تہ و بالا کی گئیں بستیاں۔

ان کے یہاں ان کے رسول لے کر آئے روشن دلیلیں، تو اللہ نہیں ہے کہ ان پر ظلم کرے، لیکن وہ خود اپنے اوپر ظلم کرتے تھے O

۷۱. اور سارے مسلمان مرد و عورت ایک دوسرے کے دوست ہیں... حکم دیں نیکی کا اور روکیں برائی سے، اور قائم رکھیں نماز کو، اور دیں زکوٰۃ، اور کہا مانیں اللہ کا اور اس کے رسول کا۔ وہ ہیں کہ بہت جلد رحمت فرمائے گا ان پر اللہ، بیشک اللہ غالب ہے حکیم ہے O

۷۲. وعدہ فرما لیا اللہ نے مسلمان مرد و عورت سے جنتوں کا، کہ بہتی ہیں جن کے نیچے نہریں، ہمیشہ رہیں اس میں، اور پاکیزہ گھر کا، رہنے کے باغوں میں۔ اور اللہ کی رضا مندی سب سے بڑی ہے۔ یہی بڑی کامیابی ہے O

۷۳. اے آنحضرت! جہاد کرو کافروں سے اور منافقوں سے، اور سختی برتو ان پر۔ اور ان کا ٹھکانہ جہنم ہے۔ اور بری جگہ ہے O

۷۴. قسم کھاتے ہیں اللہ کی، کہ کچھ خلاف بات نہیں کہی، حالانکہ ضرور بک دیا ہے کفر کی بولی، اور کافر ہو گئے اپنے اسلام لانے کے بعد، اور قصد کیا اس کا جس کو پایا نہیں۔ اور نہیں برا لگا ان کو مگر یہی، کہ دھنی بنا دیا ان کو اللہ نے، اور اللہ کے رسول نے، اپنے فضل سے۔ تو اگر توبہ کر ڈالیں تو ان کا بھلا ہو گا۔ اور اگر منہ پھیریں، تو عذاب فرمائے گا ان پر اللہ، دکھ والا عذاب۔ دنیا و آخرت میں۔ اور نہیں ہو گا ان کا ساری زمین میں کوئی یار و مددگار O

۷۵. اور ان کے بعض نے منت مانی تھی، کہ اگر دیا ہم کو اللہ نے اپنے فضل سے، تو ہم ضرور خیرات کریں گے، اور ہو جائیں گے لیاقت مند O

۷۶. تو جب اللہ نے ان کو دیا اپنے فضل سے تو کنجوسی اس میں کی، اور پھر گئے منہ پھیرے O

۷۷. تو اس کے پیچھے اللہ نے نفاق ڈال دیا ان کے دلوں میں، اس دن تک کہ اس سے ملیں گے۔ کیونکہ انہوں نے اللہ سے خلاف کیا، جو اس سے منت کر چکے تھے، اور اس لئے کہ وہ جھوٹ بولتے تھے O

۷۸. کیا انہوں نے نہ جانا، کہ بیشک اللہ جانے ان کے بھید کو، اور ان کی سرگوشی کو، اور بیشک اللہ سارے غیب کا بڑا جاننے والا ہے O

۷۹. جو لوگ پھبتی اڑاتے ہیں فرماں بردار ایمان والوں کی خیرات کرنے میں، اور ان کو جو نہیں پاتے مگر اپنی محنت مزدوری بھر، تو ان سے مسخرا پن کرتے ہیں۔ اللہ سمجھے ان کے مسخراپن کو۔ اور ان کے لئے دکھ والا عذاب ہے O

۸۰. ان کی نجات کے لئے تم شفاعت کرو یا نہ کرو۔ اگر ستر مرتبہ کرو گے تو بھی اللہ نہ بخشے گا ان کو۔ یہ اس لئے کہ انہوں نے کفر کیا اللہ اور اس کے رسول سے۔ اور اللہ راہ نہیں دیتا سرکش قوم کو O

۸۱.	خوش ہو گئے جو پیچھے بیٹھے رہ گئے، رسول اللہ کے جانے کے بعد، اور ناگوار جانا اس کو کہ جہاد کریں اپنے مال و جان سے اللہ کی راہ میں، اور بکنے لگے، "کہ گرمی میں کوچ نہ کرو"۔ کہہ دو، کہ "جہنم کی آگ زیادہ گرم ہے"۔ اگر سمجھیں O

۸۲.	تو ہنسیں کم اور روئیں زیادہ۔ سزا ہے جو وہ کما چکے تھے O

۸۳.	پھر اگر واپسی فرمادی تمہاری اللہ نے ان میں سے کسی ٹولی کی طرف، پھر انہوں نے اجازت مانگی تم سے جہاد کے لئے نکلنے کی، تو جواب دینا کہ مت نکلو میرے ساتھ کبھی، اور مت جنگ کرو میرے ہمراہ کسی دشمن سے۔ تم پسند کر چکے بیٹھے رہنے کو پہلی مرتبہ، تو اب بیٹھے رہا کرو مجبوروں کے ساتھ O

۸۴.	اور نماز جنازہ، ان میں سے کوئی مر جائے، تو کبھی نہ پڑھنا، اور نہ ان کی قبر پر کھڑے ہونا۔ بیشک انہوں نے کفر کیا اللہ سے اور اس کے رسول سے اور مرے نافرمان O

۸۵۔ اور تم کو ان کے مال و اولاد پر تعجب نہ ہو۔ اللہ یہی چاہتا ہے کہ عذاب میں ڈالے اس سے انہیں دنیا میں، اور ان کا دم نکلے اور وہ کافر ہوں ○

۸۶۔ اور اتاری گئی جب کوئی سورت، کہ مان جاؤ اللہ کو اور جہاد کرو اس کے رسول کے ہمراہ، تو چھٹی مانگنے لگے ان میں سے مقدور والے، اور بولے کہ ہم کو چھوڑ دیجئے مجبوروں کے ساتھ ○

۸۷۔ ان کی خوشی ہے کہ پسماندہ عورتوں کے ساتھ ہوں، اور مہر کر دی گئی ہے ان کے دلوں پر، تو وہ سمجھتے ہی نہیں ○

۸۸۔ لیکن رسول اور ان کے ساتھی سارے مسلمانوں نے جہاد کیا، اپنے مال و جان سے۔ اور انہیں کے لئے بھلائیاں ہیں۔ اور وہی کامیاب ہیں ○

۸۹۔ تیار فرما دیا اللہ نے ان کے لئے جنتیں، کہ بہتی ہیں جن کے نیچے نہریں، ہمیشہ رہنے والے اس میں۔ یہی بڑی کامیابی ہے ○

۹۰۔ اور آئے بات بنانے والے دیہاتی، کہ ان کی چھٹی دی جائے، اور بیٹھ رہے جنہوں نے جھٹلایا اللہ اور اس کے رسول کو، بہت جلد پہنچے گا ان کافروں کو دکھ والا عذاب O

۹۱۔ نہیں ہے ضعیفوں پر اور نہ بیماروں پر، اور نہ ان پر، جو نہ پائیں وہ جس کو خرچ کریں، کوئی الزام، جبکہ وہ خیر خواہ رہیں اللہ اور اس کے رسول کے۔ مخلص لوگوں پر کوئی گرفت نہیں۔ اور اللہ غفور و رحیم ہے O

۹۲۔ اور نہ انہیں پر، جو تمہارے پاس آئے تھے کہ انہیں سواری دیجئے، تم نے جواب دیا تھا کہ میرے پاس سواری نہیں"۔ وہ لوٹے اور ان کی آنکھیں بہتی ہیں آنسو سے، غمگین اس پر، کہ نہیں پاتے جو خرچ کریں O

۹۳۔ پکڑ کی راہ ان پر ہے، جو چھٹی مانگیں تم سے اور خود مالدار ہیں۔ وہ خوش ہیں کہ رہ جائیں پردہ والی عورتوں کے ساتھ۔ اور چھاپ لگا دی اللہ نے ان کے دلوں پر، تو وہ جانتے ہی نہیں O

۹۴۔ تاویلیں گڑھیں گے تم سے، جو تم لوٹو گے ان تک۔ کہہ دینا، "کہ بات نہ بناؤ، ہم تمہاری ایک نہ مانیں گے، کہ بیشک ہمیں بتا دی ہیں اللہ نے تمہاری ساری خبریں"۔ اور بہت جلد تمہارے عمل کو اللہ اور اس کا رسول دیکھ لے گا۔ پھر لوٹائے جاؤ گے عالم الغیب و الشہادۃ کی طرف، تو وہ تم کو بتا دے گا جو تمہارے کرتوت تھے O

۹۵۔ بہت جلد قسم کھائیں گی اللہ کی تم سے، جب تم لوٹو گے ان کی جانب، کہ ان سے چشم پوشی کرو۔ تو ہٹے رہو ان سے۔ بیشک وہ ناپاک ہیں، اور ان کا ٹھکانہ جہنم ہے۔ سزا جو انہوں نے کمائی کی O

۹۶. تم سے قسم کھائیں گے کہ تم لوگوں کو راضی کر لیں اپنے سے۔ تو اگر تم لوگ ان سے راضی ہوئے، پھر بھی اللہ نہیں راضی ہوتا نافرمان قوم سےO

۹۷. گنوار، بڑے سخت ہیں کفر و نفاق میں، اور اسی لائق ہیں کہ انہیں پتہ ہی نہ ہو ان قوانین کا، جو اتارا اللہ نے اپنے رسول پر۔ اور اللہ دانا ہے حکیم ہےO

۹۸. اور کچھ گنوار ہیں، کہ جو قرار دیتے ہیں اسے جو خرچ خیرات کرتے ہیں، جرمانہ، اور تاکا کرتے ہیں تم پر گردشوں کے آنے کو۔ انہیں پر تباہی کی گردش ہے۔ اور اللہ سنتا جانتا ہےO

۹۹. اور بعض دیہاتی ہیں کہ مانیں اللہ کو اور پچھلے دن کو، اور سمجھیں جو کچھ خرچ خیرات کریں، کہ اللہ کی عبادت ہیں اور رسول کی دعاؤں کا ذریعہ۔ ''یقین مانو کہ یہ ان کی عبادت ہے''۔ بہت جلد داخل فرما دے گا ان کو اللہ اپنی رحمت میں۔ بیشک اللہ غفور و رحیم ہےO

١٠٠۔ اور اگلے پہلے مہاجرین و انصار اور جنہوں نے ان کی راہ اختیار کی اخلاص کے ساتھ، اللہ ان سے راضی اور وہ اللہ سے راضی، اور مہیا فرما لیا ہے ان کے لئے جنتیں، بہتی ہیں جن کے نیچے نہریں، ہمیشہ ہمیش رہنے والے اس میں۔ یہی بڑی کامیابی ہے O

۱۰۱۔ اور بعض تمہارے جوار کے گنوار منافق ہیں۔ اور بعض مدینہ والے... پل پڑے ہیں نفاق پر... انہیں ابھی تم نہیں جانتے، ہم جانتے ہیں۔ بہت جلد سزا دیں گے انہیں دوبارہ پھر انجام کار جائیں گے بڑے عذاب کی طرف O

۱۰۲۔ اور کچھ اور لوگ ہیں، جنہوں نے اقرار کر لیا اپنے گناہوں کا، ملا جلا کر دیا نیک کام اور دوسرے برے کام کو، قریب ہے کہ اللہ توبہ قبول فرما لے ان کی۔ بیشک اللہ غفور رحیم ہے O

۱۰۳۔ لے لیا کر و ان کے مال سے صدقہ، کہ اس سے ان کو پاکیزہ اور ستھرا کرو۔ اور ان کے حق میں دعا کرو۔ بیشک تمہاری دعا ان کے لئے تسلی ہے۔ اور اللہ سنتا جانتا ہے O

۱۰۴۔ کیا انہوں نے نہ جانا کہ بیشک اللہ، وہ قبول فرماتا ہے توبہ کو اپنے بندوں کی، اور لے لیتا ہے صدقات کو، اور بیشک اللہ توبہ قبول فرمانے والا اور بخشنے والا ہے O

۱۰۵۔ اور تاکید کر دو کہ عمل کی شان دکھاؤ، کہ اب تمہارے کردار کو دیکھے گا اللہ اور اس کا رسول اور سارے مسلمان۔ اور بہت جلد لوٹائے جاؤ گے عالم الغیب والشہادۃ کی طرف، تو وہ بتا دے گا تم کو جو تمہارے کرتوت تھے O

۱۰۶۔ اور بعض اور لوگ ہیں گرفتار اسی میں، کہ امر الٰہی یا ان پر عذاب فرمائے، یا ان کی توبہ قبول کرے۔ اور اللہ دانا ہے حکیم ہے O

۱۰۷.   اور جنہوں نے بنائی مسجد نقصان پہچانے کو اور کفر کی بنا پر، اور مسلمانوں میں فرقہ بندی کرنے کو، اور انتظار میں اس کے جس نے جنگ کی ہے اللہ اور اس کے رسول سے پہلے۔ اور ضرور قسم کھائیں گے کہ ہمارا ارادہ نیک ہی نیک ہے۔ اور اللہ گواہ ہے کہ یہ سب جھوٹے ہیں O

۱۰۸.   اس مسجد میں کبھی کھڑے نہ ہونا۔ ضرور وہ مسجد جس کی بنیاد رکھی گئی ہے خوف خدا پر، پہلے ہی دن سے، زیادہ مستحق ہے کہ تم اس میں کھڑے ہو۔ اس میں ایسے مرد لوگ ہیں جو پسند کرتے ہیں کہ خوب پاک صاف رہیں۔ اور اللہ دوست رکھتا ہے خوب ستھروں کو O

۱۰۹.   تو بھلا وہ جس نے نبیاد رکھی اپنے خوف خدا پر، اور مرضی مولی پر، بہتر ہے یا وہ جس نے بنیاد رکھی اپنے گڈھے کے پھٹ پڑنے والے کرارے پر؟ چنانچہ پھٹ پڑا اس کو لے جہنم کی آگ میں اور اللہ راہ نہیں دیتا اندھیر مچانے والی قوم کو O

١١٠.	ہمیشہ اپنی تعمیر جو انہوں نے بنائی تھی کانٹا ہو گئی ان کے دلوں کا۔ مگر یہ کہ ٹکڑے ٹکڑے ہو جائیں ان کے دل، اور اللہ علم و حکمت والا ہے O

١١١.	بیشک اللہ نے خرید لیا مسلمانوں سے ان کی جان و مال کو، اس قیمت پر کہ ان کے لئے جنت ہے۔ جنگ کرتے ہیں اللہ کی راہ میں، تو مارتے ہیں اور مارے جاتے ہیں ... اس پر وعدہ حق ہو چکا، توریت و انجیل اور قرآن میں۔ اور جس نے پورا کر دیا اپنا اللہ سے عہد، تو خوشی کرو اپنی بکری سے، جو تم نے اس سے کی۔ اور یہی بڑی کامیابی ہے O

١١٢.	توبہ کرنے والے پجاری، حمد کرنے والے روزہ دار، رکوع سجدہ والے، نیکی کے مبلغ، اور بدی سے روکنے والے، اور اللہ کے حدود کی نگہبانی رکھنے والے۔ اور خوشخبری دے دو مسلمانوں کو O

۱۱۳. کہ نہیں ہے کام نبی کا، اور ایمان لانے والوں کا، کہ دعائے مغفرت کریں غیر مسلموں کے لئے، گو وہ قرابت دار ہوں، بعد اس کے کہ ان کو ظاہر ہو گیا، کہ وہ لوگ جہنم والے ہیں O

۱۱۴. اور نہ تھی دعائے مغفرت ابراہیم کی اپنے بابا کے لئے، مگر ایک وعدہ کی بنا پر، جو خاص طور سے اس نے کیا تھا۔ پھر جب انہیں ظاہر ہو گیا کہ وہ اللہ کا دشمن ہی رہا، تو ہٹ گئے اس سے۔ بیشک ابراہیم بڑی آہیں بھرنے والے بردبار ہیں O

۱۱۵. اور اللہ نہیں گمراہی لاتا کسی قوم کی جبکہ ہدایت دے دی انہیں، یہاں تک کہ صاف بتا دے انہیں، جس سے وہ بچتے رہیں۔ بیشک اللہ سب کچھ جاننے والا ہے O

۱۱۶. بیشک صرف اللہ کی ہے مملکت آسمانوں اور زمین کی۔ وہی جلاتا اور وہی مارتا ہے۔ اور اللہ کو چھوڑ کر، یار و مددگار بنائے جانے والے کچھ نہیں ہیں O

۱۱۷. بیشک توجہ فرمائی اللہ نے نبی پر، اور مہاجرین و انصار پر، جنہوں نے ساتھ دیا ان کا تنگی کے وقت، باوجودیکہ قریب تھا کہ ان کے بعض کے دل کج ہوجائیں، پھر توبہ قبول فرمالی ان کی۔ بیشک وہ ان پر رافت و رحمت والا ہے O

۱۱۸. اور ان تین نفر کی بھی توبہ قبول کی جو پچھڑ گئے تھے۔ یہاں تک کہ جب تنگ ہوگئی ان پر زمین اپنی وسعت کے باوجود، اور تنگ ہو گئی ان پر اپنی جان، اور خیال جم گیا کہ کوئی پناہ اللہ سے نہیں، سوا اسی کے۔ پھر کرم فرمایا ان پر، کہ توبہ کر ڈالیں۔ بیشک اللہ توبہ قبول فرمانے والا بخشنے والا ہے O

۱۱۹. اے وہ جو ایمان لا چکے! ڈرو اللہ کو اور ہو جاؤ سچوں کے ساتھ O

۱۲۰. مدینہ والے اور آس پاس کے دیہات والے کو درست نہیں، کہ پیچھے بیٹھے رہ جائیں رسول اللہ سے، اور نہ یہ کہ اپنی جان کو زیادہ چاہیں، ان کی جان سے۔ کیونکہ نہ پہنچے گی انہیں پیاس، نہ تھکاوٹ، نہ

بھوک، اللہ کی راہ میں، اور نہیں قدم رکھتے کسی جگہ جو کفار کو غیظ میں لے آئے، اور نہیں پہنچاتے کسی دشمن کو کچھ، مگر لکھ لی جاتی ہے ان کی اس کی وجہ سے نیکی بیشک اللہ نہیں ضائع کرتا اخلاص والوں کیا اجر کو O

۱۲۱۔   اور نہیں خرچ کرتے کم و بیش، اور نہیں طے کرتے کوئی وادی، مگر لکھ لی جاتی ہے ان کی نیکی، تاکہ انعام دے اللہ اس سے بہتر، جو وہ کرتے تھے O

۱۲۲۔   اور انہونی بات ہے، کہ سب مسلمان نکل پڑیں۔ تو کیوں نہیں نکلتے ان کے ہر قبیلہ سے کچھ لوگ، جو دینی فقہ حاصل کریں، اور تاکہ اپنی قوم میں خوف خدا پیدا کریں جب لوٹیں ان کی طرف، کہ وہ لوگ ڈرنے لگیں O

۱۲۳۔ اے وہ جو ایمان لائے! جہاد کرو ان سے جو تم سے قریب کفار ہیں، اور وہ تم میں سختی محسوس کریں اور جان رکھو کہ اللہ خوف خدا رکھنے والوں کے ساتھ ہے O

۱۲۴۔ اور جب اتاری گئی کوئی سورت، تو ان میں سے کوئی بولتا ہے کہ تم میں سے کون ہے جس کا ایمان اس نے بڑھا دیا؟" تو جو ایمان والے ہیں، ان کا ایمان تو بڑھا ہی دیا اور وہ خوش ہیں O

۱۲۵۔ اور جن کے دل میں بیماری ہے، تو بڑھ گئی ان کی ناپاکی پر ناپاکی۔ اور وہ مرنے کافر O

۱۲۶۔ کیا نہیں دیکھتے کہ وہ فتنہ میں ڈالے جاتے ہیں ہر سال، ایک باری ا دو بار، پھر بھی توبہ نہیں کرتے۔ اور نہ وہ نصیحت حاصل کریں O

۱۲۷۔ اور جب اتاری گئی کوئی سورت، تو ان کے ایک نے دوسرے کو دیکھا، "کہ کیا کوئی دیکھ رہا ہے"، پھر پلٹ گئے۔ اللہ ان کے دل کو الٹا پلٹا رکھے، کیونکہ یہ قوم فقہ نہیں رکھتی O

۱۲۸۔   البتہ بیشک آگیا تم میں رسول تم میں سے ، دشوار ہے ان پر جو رنج میں ڈالے تم کو ، حریص تمہاری بلندی کے ، مسلمانوں پر بے انتہا کرم فرمانے والے مہربان ○

پھر اگر وہ منہ پھیریں ، تو ان کو سنا دو ، کہ کافی ہے مجھ کو اللہ ۔۔۔ نہیں ہے کوئی معبود سوا اس کے ۔ اسی پر میں نے بھروسہ کیا ، اور وہ عرش عظیم کا پروردگار ہے ○

۱۰۔ سورۃ یونس

نام سے اللہ کے بڑا مہربان بخشنے والا O

۱۔ ال را ۔۔۔ یہ حکمت سے بھری کتاب کی آیتیں ہیں O

۲۔ کیا لوگوں کو اچنبھا ہے؟ کہ وحی بھیجی ہم نے ایک ان کے مرد کو، کہ ڈرا دو لوگوں کو، اور خوشخبری دو جو ایمان لائے، کہ ان کا سچا پایہ ہے ان کے پروردگار کے یہاں ۔۔۔ کافر بولے، کہ یہ تو کھلے جادوگر ہیں O

۳۔ بیشک تمہارا پروردگار اللہ ہے، جس نے پیدا فرمایا آسمانوں اور زمین کو چھ دن میں، پھر برابر ٹھیک کر دیا۔ عرش پر تدبیر فرماتا ہے

ہر امر کی۔ کوئی شفاعت کرنے والا نہیں، مگر جس کو اس کی اجازت ہے۔ یہ ہے اللہ تمہارا پروردگار، تو اس کو پوجو۔ کیا نصیحت قبول نہیں کرتے؟ O

۴. اسی کی طرف تم سب کا لوٹنا ہے۔ اللہ کا وعدہ حق ہے۔ بیشک وہی پیدا فرمانے کی ابتدا فرماتا ہے، پھر دوبارہ بھی کرتا ہے، تاکہ انعام دے جو ایمان لا چکے اور نیک کام کئے انصاف سے۔ اور جو کافر ہیں ان کے لئے گرم پانی کا مشروب، اور دکھ دینے والا عذاب ہے۔ سزا ہے جو وہ کفر کرتے تھے O

۵. وہ اللہ جس نے بنایا سورج کو روشن، اور چاند کو چمک دار اور مقرر فرما دیا ان کی منزلیں، تاکہ جاننتے رہو برسوں کا شمار اور حساب۔ نہیں پیدا فرمایا اللہ نے ان کو مگر ٹھیک۔ تفصیل فرماتا ہے آیتوں کی ان کے لئے جو علم سے کام لیں O

۶. بیشک رات اور دن کے الٹ پھیر میں، اور جو کچھ پیدا فرما دیا اللہ نے آسمانوں اور زمین میں، نشانیاں ہیں ان کے لئے جو خوف خدا رکھتے ہوں O

۷. بیشک جو نا امید ہیں ہماری ملاقات سے، اور خوش ہیں دنیاوی زندگی سے، اور اسی پر مطمئن ہیں، اور جو ہماری آیتوں سے غافل ہیں O

۸. ان کا ٹھکانہ جہنم ہے، سزا ان کے کرتوت کی O

۹. بیشک جو ایمان لائے اور نیکیاں کیں، راہ دیتا ہے انہیں ان کا پروردگار ان کے ایمان کی وجہ سے۔ بہیں گی ان کے نیچے نہریں، نعمت کی جنت میں O

۱۰. ان کا کلمہ ہے جنت میں سبحانک اللھم، اور ان کی تحیت ہے اس میں "سلام"۔ اور آخری بولی ہے ان کی، کہ الحمد للہ رب العالمین O

۱۱۔ اور اگر جلدی فرما دے اللہ لوگوں کے لئے تباہی کو، جس قدر جلدی وہ طلب کرتے ہیں بھلائی کو، تو پوری کر دی جاتی ان کی مدت ۔ تو ہم چھوڑے دیتے ہیں، انہیں جو امید نہیں رکھتے ہمارے ملنے کی، کہ اپنی سرکشی میں ٹٹولتے رہیں O

۱۲۔ اور جب پہنچا مرد کو دکھ، تو پکارنے لگا ہم کو لیٹے، یا بیٹھے، یا کھڑے۔ پھر کب ہم نے دور کر دیا اس کا دکھ، چل دیا، گویا ہمیں پکارا ہی نہ تھا اس دکھ میں، جو اسے پہنچا تھا۔ اسی طرح اچھا لگا دیا گیا قانون شکنوں کو، جو وہ کرتے تھے O

۱۳۔ اور بیشک تباہ فرما دیا ہم نے سنگتوں کو تم سے پہلے، جب انہوں نے اندھیر مچایا۔ اور آئے ان کے پاس ان کے رسول دلیلوں کو لے کر، اور وہ نہیں مانتے تھے ۔ یونہی سزا ہم دیتے ہیں مجرم قوم کو O

۱۴۔   پھر بنا دیا ہم نے تم کو جانشین زمین میں ان کے بعد، تاکہ نظر کے سامنے کر دیں کہ کس طرح کام کرتے ہو O

۱۵۔   اور جب تلاوت کی جاتی ہیں ان پر ہماری آیتیں صاف کھلی، تو بولے جو نہیں رکھتے امید ہمارے ملنے کی، کہ دوسرا قرآن لاؤ، یا اس کو بدل ڈالو''۔ جواب دے دو کہ یہ میرا کام نہیں، کہ اس کو بدل دوں اپنی طرف سے''۔ ''میں نہیں کہتا سنتا مگر جو وحی بھیجی گئی میری طرف ''۔ بیشک میں ڈرتا ہوں اگر میں گناہ کرتا اپنے پروردگار کا، بڑے دن کے عذاب کو O

۱۶۔   سمجھاؤ، کہ ''اگر اللہ چاہتا تو میں نہ اس کی تلاوت کرتا تم پر، اور نہ وہ تمہیں اسے بتاتا''۔ ''میں تو رہ چکا ہوں تم میں ایک عمر اس سے پہلے، تو کیا عقل نہیں رکھتے O

۱۷۔   پس اس سے زیادہ ظالم کون ہے، جس نے بہتان باندھا اللہ پر جھوٹ، یا جھٹلایا اس کی آیتوں کو بیشک ناکام ہیں مجرم لوگ O

۱۸.	اور پوجتے ہیں اللہ کو چھوڑ کر بنائے ہوئے کو، جو نہ ان کا بگاڑ سکے اور نہ بنا سکے۔ اور کہتے ہیں "کہ یہ سب ہمارے دنیا کے سفارشی ہیں اللہ کے یہاں"۔ رد کر دو "کہ کیا اللہ کو ایسی بات بتاتے ہو، جس کا کوئی پتہ نہیں آسمانوں میں اور نہ زمین میں"۔ وہ پاک و بالا ہے، ان کے شرک سے O

۱۹.	اور پہلے کے لوگ نہ تھے مگر ایک امت، پھر اختلاف کرنے لگے۔ اور اگر ایک بات تمہارے پروردگار کی پہلے سے طے نہ ہوتی، تو ضرور فیصلہ کر دیا جاتا ان کا جس جس چیز میں اختلاف کرتے O

۲۰.	اور چھیڑتے ہیں "کہ کیوں نہ اتاری گئی ان پر پروردگار کی طرف سے عذابی نشانی"۔ تو جواب میں کہہ دو "کہ الغیب عند اللہ، تم عذاب کا انتظار کرتے رہو، میں بھی تمہاری تباہی کا منتظر ہوں O

۲۱.	اور جب مزہ دے دیا لوگوں کو رحمت کا، بعد کسی زحمت کے جو انہیں پہنچی، اسی وقت ان کا داؤں ہوتا ہے ہماری آیتوں سے۔ کہہ

دو کہ اللہ مکر کی خبر جلد لینے والا ہے۔ بیشک ہمارے قاصد لکھتے جاتے ہیں جو فریب کرتے ہو O

۲۲.   وہی ہے جو سیر کراتا ہے تم لوگوں کو خشکی اور تری میں۔ چنانچہ جب تم کشتی میں تھے، اور وہ چلیں انہیں لے کر اچھی ہوا سے، اور وہ سب اس سے خوش ہوئے تھے، کہ آ گئی ان کے پاس تیز آندھی، اور آئی ان کے پاس طوفانی لہر ہر طرف سے، اور وہ سمجھے کہ اب ڈبوئے گئے، تو پکارا سب نے اللہ کو خالص دیندار ہو کر۔۔۔ کہ اگر تونے بچا لیا ہم کو اس سے، تو ہم ضرور شکر گزار ہوں گے O

۲۳.   پھر جب اللہ نے بچا لیا ان کو، تو اس وقت وہ تل گئے ملک میں ناحق پر۔ اے لوگو! تمہاری زیادتی خود تمہیں پر وبال ہے۔ دنیاوی زندگی کا رہن سہن ہے، پھر ہماری طرف تمہارا لوٹنا ہے، تو ہم بتائیں گے تمہیں جو کیا کرتے تھے O

۲۴.   دنیاوی زندگی کی مثال ایسی ہی ہے، جیسے پانی، جس کو اتارا ہم نے آسمان سے، پھر گنجان پیدا ہوئی اس سے زمین کی سبزیاں، جس

کو انسان کھاتا ہے اور چوپائے۔ یہاں تک کہ جب لے لیا زمین نے اپنی آرائش کو اور سج گئی، اور وہاں والے سمجھ بیٹھے، کہ وہ قابو پا گئے اس پر، کہ آیا اس کے پاس ہمارا عذاب رات یا دن کو، تو کر دیا ہم نے اس کو جلی کٹی، گویا کل ہی نہ تھی۔ اس طرح ہم تفصیل فرماتے ہیں آیتوں کی، سوچنے والوں کے لئے O

۲۵. اور اللہ بلاتا ہے سلامتی کے گھر کی طرف۔ اور دیتا ہے جسے چاہے سیدھی راہ O

۲۶. ان کے لئے جنھوں نے بھلائی کی ہے بھلائی ہے، اور زیادہ بھی۔ ورنہ چڑھے گی ان کے چہروں پر سیاہی، اور نہ رسوائی، وہ جنت والے ہیں۔ اس میں ہمیشہ رہنے والے O

۲۷. اور جنھوں نے کمایا گناہوں کو، تو ہر گناہ کی سزا اسی کے ایسا ہے۔ اور ان پر رسوائی چڑھے گی۔ ان کا کوئی نہیں ہے اللہ سے بچانے

والا۔ گویا لگا دی گئیں ان کے چہروں پر تہ پر تہ اندھیری راتیں۔ وہ ہیں جہنم والے۔ اس میں ہمیشہ رہنے والے O

۲۸۔ جس دن حشر فرمائیں گے ہم ان سب کا پھر حکم دیں گے جنہوں نے ہمارا شریک بنایا تھا، کہ اپنی جگہ رہو تم اور تمہارے بنائے شریک پھر پھوٹ ڈال دی ہم نے ان میں، اور بولے ان کے ساختہ شریک، کہ تم ہم کو تو پوجتے نہ تھے O

۲۹۔ اللہ کافی گواہ ہے ہمارے درمیان، کہ ہم تمہاری پوجا سے بےخبر تھے O

۳۰۔ وہاں جانچ کر لے گی ہر جان جو وہ کر چکی ہے، اور پھیر دیئے گئے اللہ کی طرف، ان کا مولیٰ حق، اور گم ہو گئے ان سے جن کو گڑھا کرتے تھے O

۳۱۔ پوچھو کہ کون روزی دیتا ہے تم کو آسمان سے اور زمین سے؟ یا کون مالک ہے کانوں اور آنکھوں کا؟ اور کون نکالتا ہے

جاندار کو بے جان سے، اور بے جان کو جاندار سے؟ اور کون تدبیر فرماتا ہے کام کی؟ ''تو جواب دیں گے کہ اللہ''۔ پھر ڈانٹو کہ کیوں نہیں ڈرتے O

۳۲. یہ ہے اللہ تمہارا پروردگار حق۔ پھر حق کے بعد کیا ہے؟ مگر گمراہی۔ تو کدھر پھر رہے ہو؟ O

۳۳. اسی طرح کلمۃ الحق ہے تمہارا پروردگار کا ان پر، جو نافرمان ہو چکے، کہ نہ مانیں گے O

۳۴. پوچھو کہ کیا تمہارے گڑھے شریکوں میں کوئی ہے، جو پہلے بھی پیدا کرے اور پھر دوبارہ بھی؟ خود بتا دو کہ اللہ پہلے بھی پیدا کرتا ہے، پھر دوبارہ بھی، تو کہاں اوندھے ہوتے ہو؟ O

۳۵. پوچھو کہ کیا تمہارے فرضی شریک میں کوئی ہے جو حق کی راہ دکھائے؟ ''بتا دو کہ اللہ راہ حق دیتا ہے''۔ تو جو رہنمائے حق ہو، وہ زیادہ مستحق ہے کہ اس کی پیروی کی جائے، یا وہ جو راہ نہیں پاتا بغیر

اس کے کہ کوئی راہ دے دے؟ تو تمہیں کیا ہو گیا؟ ... کیسا فیصلہ کرتے ہو؟ O

٣٦. اور نہیں چلتے ان کے اکثر، مگر گمان پر۔ بیشک گمان نہیں کام آتا کچھ حق بتانے میں۔ بیشک اللہ دانا ہے جو وہ کرتے ہیں O

٣٧. اور نہیں ہے یہ قرآن، اللہ کو چھوڑ کر گڑھا ہوا، لیکن تصدیق اس کی جو اس کے آگے ہے، اور تفصیل نوشتۂ قدرت کی، کوئی بھی شک نہیں اس میں، کہ سارے جہان کے پروردگار کی طرف سے ہے O

٣٨. کیا بولی بولتے ہیں کہ اس کو دل سے گڑھ لیا ہے"۔ تم منہ توڑ دو، کہ بنا لاؤ اس کی طرح ایک سورت اور بلا لو جس کو پا سکو، اپنے اللہ کو چھوڑ کر بنائے ہووٴں کو، اگر سچے ہو O

۳۹. بلکہ جھٹلا دیا اسے جو ان کے احاطہ علم سے باہر ہے، اور ابھی تک نہیں آیا ان تک اس کا نتیجہ۔ اسی طرح جھٹلا دیا تھا ان کے پہلوں نے، تو دیکھ لو کہ کیسا انجام ہوا ظالموں کا O

۴۰. اور ان میں سے بعض اسے مانتے ہیں اور بعض نہیں مانتے اور تمہارا پروردگار خوب جانتا ہے فسادیوں کو O

۴۱. اور اگر انہوں نے تم کو جھٹلایا ہے، تو کہہ دو، کہ "میرے لئے میرا عمل ہے، اور تمہارے لئے تمہارا عمل۔ تم بے واسطہ ہو جو ہمارا عمل ہے اور میں بیزار ہوں جو تمہارے کرتوت ہیں" O

۴۲. اور ان میں بعض، کان تمہارے جانب لگا کر رہ جاتے ہیں۔ تو کیا تم نہ سننے والے کو سنا دو گے؟ گو وہ عقل نہ رکھیں O

۴۳. اور ان میں بعض تمہیں دیکھ کر رہ جاتے ہیں۔ تو کیا تم اندھوں کو راہ دکھا دو گے؟ گو وہ بے سوجھ کے ہوں O

۴۴۔ بیشک اللہ لوگوں پر کچھ ظلم نہیں کرتا لیکن لوگ خود اپنے اوپر ظلم کرنے والے ہیں۔ O

۴۵۔ اور جس دن ان کا حشر فرمائے گا، گویا نہیں رہے وہ مگر دن کی گھڑی بھر، باہم پہچانیں گے۔ بیشک ٹوٹ میں آ گئے جنہوں نے جھٹلایا اللہ کے ملنے کو، اور بے راہ تھے O

۴۶۔ اور خواہ ہم تمہیں دکھا دیں کچھ عذاب جس کا ہم نے ان سے وعدہ کیا ہے، یا تمہاری دنیا کی میعاد پوری کر دیں، بہر حال ہماری طرف ان کو آنا ہے۔ اور اللہ گواہ ہے جو وہ کرتے ہیں O

۴۷۔ اور ہر امت کا ایک رسول ہے، تو جب آ گیا ان کا رسول، فیصلہ کیا گیا ان میں انصاف سے، اور وہ ظلم نہیں کئے جاتے O

۴۸۔ اور چھیڑتے ہیں کہ کب پورا ہو گا یہ وعدہ، اگر آپ سچے ہیں O

۴۹۔   جواب دو کہ میں خود سے مالک نہیں ہوں اپنی جان کے نقصان کا اور نفع کا، بے اللہ کے چاہے''۔ ہر امت کا ایک وقت ہے۔ اور جب ان کا وقت آگیا، تو نہ پچھڑیں گے گھڑی بھر۔ اور نہ بڑھیں گے O

۵۰۔   دریافت کرو، کہ تم لوگ یہ بتاؤ کہ اگر آگیا تمہارے پاس اس کا عذاب سوتی رات یا مشغول دن میں،'' تو کس کی جلدی مچائے ہیں اس میں سے مجرم لوگ O

۵۱۔   کیا پھر جب وہ عذاب آپڑے تو اس کو تم مانو گے''۔ اچھا اب حالانکہ تم اس کی جلدی مچا رہے تھے O

۵۲۔   پھر کہہ دیا گیا جنہوں نے ظلم کر رکھا ہے، کہ چکھو ہمیشہ کا عذاب۔ تم کو سزا نہ دی جائے گی، مگر جیسی کمائی کر رکھی تھی تم نے O

۵۳۔ اور ٹوہ لیتے ہیں تم سے کہ کیا یہ ٹھیک ہے ... تم اعلان کر دو، کہ "ہاں میرے پروردگار کی قسم یہ بالکل ٹھیک ہے"۔ اور نہیں ہے کہ تم بھاگ بھاگ کر تھکا سکو O

۵۴۔ اور اگر ہر جان کی جس نے ظلم کیا ہے، زمین کی ہر چیز ہوتی، تو اپنی بچت کے لئے دے دیتی۔ اور دل میں بڑے جھینپے جب کہ دیکھ لیا عذاب کو۔ اور فیصلہ فرما دیا گیا ان کا انصاف سے۔ اور وہ لوگ ظلم نہ کئے جائیں گے O

۵۵۔ ہوش سے سنو! کہ بیشک اللہ ہی کا ہے جو کچھ آسمانوں اور زمین میں ہے"۔ اچھی طرح سنو! کہ اللہ کا وعدہ حق ہے"، لیکن ان کے اکثر نادان ہیں O

۵۶۔ اور وہ جلاتا ہے اور مارتا ہے، اور اسی کی طرف لوٹائے جاؤ گے O

۵۷۔ اے لوگو! بیشک آگئی تمہارے پاس نصیحت تمہارے پروردگار کی طرف سے، اور تندرستی امراضِ سینہ کے لئے ... اور ہدایت و رحمت مان جانے والوں کے لئے O

۵۸۔ کہہ دو، کہ ''اللہ کا فضل اور اس کی رحمت، یہ چیزیں ہیں جس کی سب خوشی منائیں، اور یہ بہتر ہے اس سے جو جمع کرتے ہیں O

۵۹۔ پوچھو کہ یہ بتاؤ، جو کچھ اتارا اللہ نے تمہاری روزی، تو بنا لیا تم نے اس میں سے حرام و حلال۔ کہو کہ کیا اللہ نے تمہیں حکم دیا تھا، یا اللہ پر افترا کرتے ہو O

۶۰۔ اور کیا خیال ہے ان کا، جو گڑھیں اللہ پر جھوٹ قیامت کے دن، بیشک اللہ فضل والا ہے لوگوں پر، لیکن ان کے بہتیرے ناشکرے ہیں O

۶۱۔ اور نہیں ہو تم کسی حال میں، اور نہیں تلاوت کرتے کچھ قرآن سے، اور نہیں کرتے کوئی عمل، مگر یہ کہ ہم تم پر گواہ تھے،

جب تم نے اس کی ابتدا ہی کی تھی۔ اور نہیں غائب ہے تمہارے پروردگار سے ذرہ بھر، زمین میں اور نہ آسمان میں، اور کوئی چیز اس سے چھوٹی اور بڑی نہیں، مگر روشن کتاب میں ہے O

۶۲.   آگاہ ہو جاؤ، کہ بیشک اللہ کے ولی، نہ کوئی ڈر ہے انہیں، اور نہ وہ رنجیدہ ہوں O

۶۳.   جو ایمان لائے اور خوفِ خدا رکھتے تھے O

۶۴.   ان کے لئے مژدہ ہے دنیاوی زندگی میں اور آخرت میں۔ کوئی تبدیلی نہیں ہے اللہ کی باتوں میں۔ یہی بڑی کامیابی ہے O

۶۵.   اور نہ رنج دے تم کو ان لوگوں کی کوئی بکواس... بیشک عزت ساری اللہ کے لئے ہے۔ اور وہ سننے والا علم والا ہے O

۶۶.   خوب سن لو! کہ اللہ ہی کا ہے جو بھی آسمانوں میں ہے اور جو بھی زمین میں ہے۔ اور کیا چال چلتے ہیں جو پکارتے ہیں اپنے بنائے

ہوئے، اللہ کو چھوڑ کر اس کے شریک۔ نہیں چلتے مگر گمان پر، اور وہ
بس اٹکل لگاتے ہیں O

۶۷. وہی ہے جس نے بنایا تمہارے لئے رات، کہ آرام پاؤ اس میں، اور دن کو دیکھ بھال کراتا۔ بیشک اس میں نشانیاں ہیں سننے والی قوم کے لئے O

۶۸. بک دیا انہوں نے کہ بنا لیا ہے اللہ سبحانہ نے اپنی اولاد۔ وہ بے نیاز۔ اسی کا ہے جو کچھ آسمانوں اور جو کچھ زمین میں ہے۔ نہیں ہے تمہارے پاس کوئی سند اس بکواس کی۔ کیا کہہ ڈالتے ہو اللہ پر، جس سے بیخبر رہتے ہو O

۶۹. کہہ دو، کہ "بیشک جو گڑھتے ہیں اللہ پر جھوٹ، کامیاب نہ ہوں گے" O

۷۰. کچھ دن کا رہنا سہنا ہے دنیا میں، پھر ہماری طرف انہیں لوٹنا ہے، پھر چکھائیں گے ہم انہیں سخت عذاب جو کفر کیا کرتے تھے O

۷۱۔ اور پڑھ سناؤ انہیں نوح کی خبر۔۔۔ جبکہ کہا انہوں نے اپنی قوم، ''اے قوم اگر تم پر بھاری ہے میرا ٹھہرنا، اور اللہ کی نشانیوں کو یاد دلانا، تو اللہ ہی پر میں نے بھروسہ کر رکھا ہے، تو تم لوگ مل کر سامان کرو اپنے حملے کا اپنے بنائے شریکوں کے ساتھ، پھر نہ رہ جائے تمہارا طریق کار تم پر مشتبہ، پھر کر گزرو میرا فیصلہ اور مجھے مہلت ہی نہ دو O

۷۲۔ پس اگر تم نے منہ پھیرا، تو میں نے تم سے کچھ اجرت نہیں مانگی ہے۔ میرا اجر تو بس اللہ کے کرم پر ہے۔ اور مجھ کو حکم دیا گیا ہے کہ میں مسلمان رہوں O

۷۳۔ تو ان لوگوں نے جھٹلایا انہیں، تو بچا لیا ہم نے ان کو اور ان کے کشتی کے ساتھیوں کو، اور بنایا ان کو جانشین، اور ڈبو دیا جنہوں نے جھٹلایا تھا ہماری آیتوں کو۔ تو دیکھ لو کہ کیسا انجام ہوا جن کو ڈرایا گیا O

۷۴۔ پھر بھیجا ہم نے ان کے بعد کئی رسول ان کی قوموں کی طرف، چنانچہ وہ لے کر آئے ان کے پاس روشن دلیلیں، تو وہ نہ تھے کہ مانیں

اس کو جسے جھٹلا چکے ان کے اگلے۔ اسی طرح ہم چھاپ لگاتے ہیں قانون شکنوں کے دلوں پر O

۷۵. پھر بھیجا ہم نے ان کے بعد موسیٰ و ہارون کو فرعون اور اس کے درباریوں کی طرف، اپنی نشانیوں کے ساتھ، تو سب بڑے بننے لگے اور سب مجرم تھے O

۷۶. پھر جب آگیا ان کے پاس حق ہمارے طرف سے تو انہوں نے کہا یہ تو کھلا جادو ہے۔ O

۷۷. کہا موسیٰ نے کیا تم کہتے ہو کہ حق بات کو جب کہ وہ آگیا تمہارے پاس کہ یہ جادو ہے اور جادوگر کامیاب نہیں ہوں گے۔ O

۷۸. (سب) سرداران قوم فرعون (بولے، کہ کیا ہمارے پاس اس لئے آئے ہو، کہ پھیر دو ہمیں اس سے جس پر پایا ہم نے اپنے باپ دادوں کو) (اور) تم اس بات کے خواہش مند ہو کہ (رہ جائے) صرف (تمہیں دو کے لئے ملک) مصر (میں بڑائی) اور بادشاہی، تو اچھی

طرح سے سن لو (اور) ذہن نشین رکھو کہ (ہم لوگ تم دونوں کو نہیں

مانتے)O

۷۹.   اور فرعون بولا "کہ تم لوگ میرے پاس لے آؤ سارے

جانکار جادوگروں کوO

۸۰.   پھر جب آ گئے سب جادوگر، کہا ان سے موسیٰ نے "کہ ڈالو

جو ڈالنا ہوO

۸۱.   تو جب ڈالا، کہا موسیٰ نے، "جو تم لائے ہو جادو ہے۔ بیشک

اللہ ابھی میٹ دیتا ہے اس کو"۔ بیشک اللہ، نہیں ٹھیک ہونے دیتا

فسادیوں کے عمل کوO

۸۲.   اور حق فرما دیتا ہے حق کو اپنی باتوں سے، گو برا جانیں مجرم

لوگO

۸۳.   تو نہیں مانا موسیٰ کو مگر اس کی قوم کی نسل سے کچھ نے،

ڈرتے ہوئے فرعون اور اس کے درباریوں سے، کہ انہیں فتنہ میں

ڈال دیں۔ اور بیشک فرعون بڑھا چڑھا تھا ملک میں ۔ اور بیشک وہ زیادتی کرنے والا تھا O

۸۴. اور کہا موسیٰ نے ''اے قوم! اگر واقعی مان گئے ہو تم اللہ کو، تو اسی پر بھروسہ رکھو اگر مسلمان ہو O

۸۵. تو سب نے عرض کیا کہ اللہ ہی پر ہم نے بھروسہ کیا۔ پروردگار امت بنا ہم کو فتنہ ، ظالم قوم کے لئے O

۸۶. اور نجات دے ہم کو اپنی رحمت سے، کافر لوگوں سے O

۸۷. اور وحی بھیجی ہم نے موسیٰ اور ان کے بھائی کی طرف ، یہ کہ ٹھکانہ بنا لو اپنی قوم کا مصر میں، اور سب لوگ بناؤ اپنے گھروں کو قبلہ رخ ، اور قائم کرو نماز کو ، اور خوشخبری سنا دو مسلمانوں کو O

۸۸. اور دعا کی موسیٰ نے ''پروردگار، تو نے دے رکھا ہے فرعون اور اس کے درباریوں کو سامان آرائش اور بہت مال دنیاوی زندگی میں ، پروردگار کیا تاکہ گمراہ کریں تیری راہ سے ۔ پروردگار

صورتیں مٹا دے ان کے مال کی، اور بندش کر دے ان کے دل پر، کہ پھر ایمان ہی نہ پائیں، یہاں تک کہ دیکھ لیں عذاب دکھ دینے والا O

۸۹. فرمایا ''بیشک تم دونوں کی دعا قبول کی گئی، تو تم دونوں جمے رہو اور نہ چلنا راہ ان نادانوں کی O

۹۰. اور بڑھا لے گئے ہم بنی اسرائیل کو دریا پار، تو پیچھے لگا ان کے فرعون اور اس کے لشکر بغاوت و ظلم کو، یہاں تک کہ جب دھر لیا اس کو غرض نے۔ چلایا، کہ ''میں مان گیا، کہ بیشک کوئی پوجنے کے قابل نہیں سوا اس کے جس کو مان چکے ہیں بنی اسرائیل، اور میں مسلمان ہوں O

۹۱. ''اچھا اب، حالانکہ نافرمانی کرتا رہا پہلے، اور تو فسادی تھا O

۹۲. ''تو آج ہم بچائے دیتے ہیں تیرے بدن کو، تاکہ تو اپنے پیچھے والوں کے لئے نشانی رہ جائے''۔ اور بیشک بہتیرے لوگ ہماری آیتوں سے بیخبر ہیں O

۹۳. اور بیشک ٹھکانہ دیا ہم نے بنی اسرائیل کو اچھی جگہ میں، اور روزی فرمائی انہیں پاکیزہ چیزیں۔ تو وہ جھگڑے میں نہیں پڑے، یہاں تک کہ آ گیا ان کے پاس علم۔ بیشک تمہارا پروردگار فیصلہ فرمائے گا ان کا قیامت کے دن، جس بات میں جھگڑتے تھے O

۹۴. تو اگر تم شک میں ہوتے، جسے اتارا ہم نے تمہاری طرف، تو پوچھ لیتے ان سے جو پڑھتے ہیں کتاب تم سے پہلے۔ بیشک آیا ہے تمہارے پاس حق، تمہارے پروردگار کی طرف سے، تو مت رہو شکیوں کے ساتھ O

۹۵. اور نہ ہو ان میں، جنہوں نے جھٹلائیں اللہ کی آیتیں، کہ تو ہو جائے خسارے والوں میں O

۹۶. بیشک جن پر کلمۃ الحق ہو گیا تمہارے پروردگار کا، نہ مانیں گے O

۹۷۔ گو آجائے ان کے پاس ساری نشانی، یہاں تک کہ دیکھ لیں عذاب کو دکھ دینے والا O

۹۸۔ تو کوئی بستی نہیں جو ایمان لائی، اور اس کے ایمان نے اس کو نفع دیا، سوا قوم یونس کے۔ جب ایمان لے آئے، تو ہم نے دور کر دی ان سے دنیاوی زندگی میں رسوا کر دینے والے عذاب کو، اور مہلت دی ہم نے انہیں ایک میعاد تک O

۹۹۔ اور اگر تمہارا پروردگار چاہے، تو ایمان لائیں سارے زمین والے سب کے سب۔ تو کیا تم مجبور کرو گے لوگوں کو؟ یہاں تک کہ ہو جائیں مسلمان O

۱۰۰۔ اور کوئی نہیں ہے کہ ایمان قبول کرے بغیر چاہے اللہ کے۔ اور ڈالتا ہے گندگی ان پر جو نادان ہیں O

۱۰۱۔ کہو، کہ "دیکھ تو لو کہ کیا ہے آسمانوں اور زمین میں" اور نہیں کا دیتیں آیتیں اور ڈرانے والی ہستیاں ان کے، جو نہ مانیں O

۱۰۲.	تو وہ منتظر ہیں، بس ان لوگوں کے ایام کی طرح، جو گزرے ان سے پہلے۔ کہہ دو کہ نظر لگائے رہو، میں بھی تمہارے ساتھ منتظر ہوں O

۱۰۳.	پھر ہم بچالیں گے اپنے رسولوں کو اور جو ایمان لا چکے، یہی ہونا ہے حق ہے۔ ہماری ذمہ داری پر کہ ہم بچالیں مسلمانوں کو O

۱۰۴.	کہو کہ ''اے لوگو! اگر تمہیں شک ہو میرے دین کی طرف سے، تو میں معبود نہیں مانتا جن کو تم معبود مانتے ہو اللہ کو چھوڑ کر، لیکن میں معبود مانتا ہوں اللہ کو، جو مدت پوری کر دیتا ہے تمہاری۔ اور مجھے حکم دیا گیا ہے کہ مسلمان رہوں O

۱۰۵.	اور یہ کہ ٹھیک رکھو اپنا رخ دین کے لیے یکسو ہو کر۔ اور مت رہو مشرکوں کے ساتھ O

۱۰۶.	اور نہ پکارو اپنے گڑھے معبود کو جو نہ تمہارا بنا سکے، اور نہ بگاڑ سکے۔ کہ اگر ایسا کیا، تو اندھیر والوں سے ہوا O

۱۰۷۔   اور اگر دے تجھے اللہ کچھ تکلیف، تو کوئی اس کا دور کرنے والا نہیں، مگر وہی۔ اور اگر چاہے تیری بھلائی، تو کوئی پھیرنے والا نہیں اس کے فضل کا۔ پہنچا دے اسے جسے چاہے اپنے بندوں سے۔ اور وہی غفور و رحیم ہے O

۱۰۸۔   پکارو دو کہ "اے لوگو! بیشک آ گیا تمہارے پاس حق، تمہارے پروردگار کی طرف سے۔ تو جس نے راہ پالی، تو اپنے ہی لئے پائی۔ اور جو بہکا، وہ اپنے حق میں بہکا۔ اور میں نہیں ہوں تم پر جبر O

۱۰۹۔   اور تم چلو جو وحی بھیجی جاتی ہے تمہاری طرف، اور صبر کرو یہاں تک کہ فیصلہ فرما دے اللہ۔ اور وہ خوب فیصلہ فرمانے والا ہے O

۱۱۔ سورۃ ہود

نام سے اللہ کے بڑا مہربان بخشنے والا O

۱۔ ال ر ... ایسی کتاب کہ محکم ہیں جس کی آیتیں، پھر تفصیل کر دی گئی ہے حکمت والے خبردار کی طرف سے O

۲۔ کہ معبود نہ مانو سوا اللہ کے۔ بیشک میں تمہارے لئے اس کی طرف سے خوف و خوشخبری لانے والا ہوں O

۳۔ اور یہ کہ بخشش مانگو اپنے پروردگار کی، پھر توبہ کرو اس کی طرف، کہ دے تم کو اچھا سامان رہن سہن کا مقرر وقت تک، اور

دے ہر ثواب والے کو اس کا ثواب''۔ اور اگر منہ پھیریں ''تو بیشک میں ڈرتا ہوں تم پر بڑے دن کے عذاب کو O

۴. اللہ ہی کی طرف تمہارا لوٹنا ہے۔ اور ہر ہر چاہے پر قادر ہے O

۵. خبردار! یہ لوگ دوہرا کرتے ہیں اپنے سینوں کو، تاکہ چھپا لے جائیں اس سے۔ خبردار! جب کہ ڈھانپ لیتے ہیں اپنے سب کپڑے، تو وہ جانتا ہے جو چھپائیں اور جو ظاہر کریں۔ بیشک وہ دلوں کی بات کا جاننے والا ہے O

۶. اور نہیں ہے کوئی جاندار زمین کا مگر اللہ کے کرم پر ہے اس کی روزی، اور وہ جانتا ہے ان کی قیام گاہ کو، اور ان کی سونپے جانے کی جگہ کو، سب کچھ روشن کتاب میں ہے O

۷. اور وہ وہی ہے جس نے پیدا فرما دیا آسمانوں اور زمین کو چھ دن میں۔ اور اس کا عرش پانی پر تھا، تاکہ آزمائش میں ڈالے تم کو، کہ

تم میں کون کار گزاری میں بہتر ہے۔ اور اگر تم نے کہا کہ بلا شبہ تم اٹھائے جاؤ گے مرنے کے بعد، تو ضرور بک ڈالیں گے جو کافر ہیں، کہ یہ نہیں ہے مگر کھلا جادوO

۸. اور اگر ہم نے ہٹا رکھا ان سے عذاب کو کچھ گنتی کی مدت تک، تو ضرور بکیں گے کہ کون اس کو روکے ہے۔ خبر دار! جس دن آ جائے گا ان تک، تو پلٹے گا نہیں ان سے، اور گھیر اپڑ گیا ان پر جس کا ٹھٹھا کرتے تھےO

۹. اور اگر چکھا دیا ہم نے انسان کو اپنے کرم سے رحمت کو، پھر چھین لیا اس کو اس سے، تو بیشک وہ ناامید ناشکرا ہےO

۱۰. اور اگر ہم نے مزہ دے دیا نعمتوں کا بعد زحمتوں کے جو اس کو پہنچیں، تو ضرور ہی کہہ دے کہ خرابیاں مجھ سے دور ہو گئیں۔ بیشک وہ بڑا اترا شیخی باز ہےO

۱۱۔ مگر جنہوں نے صبر کیا اور کام کیئے اچھے، وہ ہیں کہ انہیں کے لئے بخشش اور بڑا ثواب ہے O

۱۲۔ تو بھلا تم چھوڑو گے کچھ حصہ اس پیغام کا جو وحی کیا جاتا ہے تمہاری طرف، اور بھلا تنگ ہو گا اس سے تمہارا سینہ، کہ کہنے لگیں گے، کہ کیوں نہیں نازل کیا جاتا ان پر خزانہ، یا آتا ان کے ساتھ فرشتہ۔ تم بس ڈر سنانے والے ہو۔ اور اللہ ہر چاہے پر نگراں ہے O

۱۳۔ یا بکیں، کہ "گڑھ لی ہے وحی کو"۔ جواب دے دو کہ تو اس کے مثل دس سورتیں گڑھی ہوئی لے آؤ، اور بلا لو جن کی سکت رکھتے ہو اللہ کو چھوڑ کر، اگر سچے ہو O

۱۴۔ پس اگر نہ جواب دیں تم کو، تو جان لو کہ وہ نازل کیا گیا ہے اللہ کے علم سے، اور یہ، کہ نہیں کوئی پوجنے کے قابل سوا اس کے، "تو کیا تم لوگ تسلیم کرتے ہو؟ O

۱۵۔ جو چاہتا ہو دنیاوی زندگی اور اس کی آرائش کو، تو ہم پورا بدل دیں گے ان کے اعمال کا، اور اس میں ان کی کمی نہ جائے گی O

۱۶۔ یہی ہیں وہ، کہ نہیں جن کے لئے آخرت میں مگر آگ۔ اور ملیامیٹ ہو گئے جو انہوں نے دنیا میں کیا، اور نیست ہو گئے جو اعمال تھے O

۱۷۔ کیا تو جو ہوا اپنے پروردگار کی طرف سے روشن دلیل پر اور بیان کرتا ہو اس کو اللہ کی طرف سے آیا ہوا گواہ، اور اس کے پہلے سے موسیٰ کی کتاب پیشوا اور رحمت، وہ لوگ مانتے ہیں اس وحی کو اور جو انکار کرے اس کا سارے گروہوں سے، تو آگ اس کے وعدہ کا مقام ہے۔ تو تم نہ ہو اس کی طرف سے کسی شک میں۔ بیشک وہ حق ہے تمہارے رب کی طرف سے، لیکن بہتیرے لوگ نہیں مانتے O

۱۸۔ اور اس سے بڑا اندھیر مچانے والا کون ہے، جو افتراء کرے اللہ پر جھوٹ، وہ لوگ پیش کئے جائیں گے اپنے پروردگار پر، اور بیان

دیں گے گواہ لوگ، کہ یہ ہیں جنھوں نے جھوٹ باندھا تھا اپنے
پروردگار پر۔ خبردار! اللہ کی لعنت ہے ان اندھیر مچانے والوں پر O

۱۹. جو روکیں اللہ کی راہ سے، اور چاہیں اس میں ٹیڑھا پن۔ اور
وہی آخرت کے منکر ہیں O

۲۰. نہ یہ زمین میں عاجز کر دینے والے ہیں، اور نہ کے اللہ کے
مقابلہ پر بنائے ہوئے کچھ حمایتی ہیں ... دو چند عذاب دیا جائے گا
انہیں، کہ نہ سن سکتے تھے، اور نہ دیکھتے تھے O

۲۱. وہی ہیں کہ دیوالہ کر دیا خود اپنا، اور گم ہو گیا جو وہ افترا کرتے
تھے O

۲۲. ناچار، وہی آخرت میں گھاٹے میں ہیں O

۲۳. بیشک جو مان گئے، اور نیک کام کئے، اور جھک پڑے
اپنے پروردگار کی طرف، وہ ہیں جنت والے۔ وہ اس میں ہمیشہ رہنے
والے ہیں O

۲۴۔ دونوں فریق کی مثال ہے، جیسے اندھا بہرا، اور آنکھ کان والا۔ کیا دونوں کی مثال برابر ہے؟ کیا تو تم نہیں سوچتےO

۲۵۔ اور بیشک ہم نے بھیجا نوح کو ان کی قوم کی طرف، کہ بیشک، میں تمہارے لئے کھلا ہوا ڈر سنانے والا ہوں O

۲۶۔ یہ کہ نہ پوجو اللہ کے سوا۔ بیشک میں ڈرتا ہوں دکھ دینے والے دن کے عذاب کو تم پر O

۲۷۔ تو بولے چودھری لوگ اس قوم کے جو کافر تھے، کہ ہم نہیں دیکھتے تم کو مگر اپنا جیسا بشر، اور ہم نہیں دیکھتے کہ تمہاری پیروی کی کسی نے، مگر وہ جو ہم میں کمینے ہیں سرسری رائے سے، اور ہم نہیں دیکھتے تمہارے لئے ہم لوگوں پر کوئی بڑائی، بلکہ ہم خیال کرتے ہیں تم کو جھوٹا O

۲۸۔ جواب دیا کہ اے قوم بھلا بتاؤ کہ اگر میں اپنے پروردگار کی طرف سے روشن دلیل پر ہوں اور بخش دی ہو مجھ کو اس کی طرف سے

رحمت، پھر تم پر اندھا پن چھا دیا گیا، تو کیا ہم چپکا دیں اسے تم سے، حالانکہ تم اس سے بیزار ہو O

۲۹. اور اے قوم نہیں مانگتا اس پر تمہارا مال۔ نہیں ہے میرا اجر مگر اللہ پر، اور میں انہیں ہٹانے والا نہیں جو ایمان لا چکے۔ بیشک وہ اپنے پروردگار سے ملنے والے ہیں، لیکن میں تمہیں لوگوں کو دیکھتا ہوں کہ جہالت کر رہے ہو O

۳۰. اور اے قوم بھلا کون بچنے میں میری مدد کریگا اللہ سے اگر میں نے ان کو ہٹا دیا۔ تو کیا سوچ سے کام ہی نہیں لیتے؟ O

۳۱. اور نہیں کہتا میں تمہیں کہ میرے ہی پاس اللہ کے خزانے ہیں، اور نہ یہی کہ میں، عالم الغیب ہوں، اور نہ یہی کہوں، کہ میں فرشتہ ہوں، اور نہ میں انہیں کہوں جن کو تمہاری آنکھیں ناچیز جانتی ہیں، کہ کبھی نہ دے گا انہیں اللہ بہتری کو۔ اللہ خوب جانتا ہے جو ان کے

دلوں میں ہے۔ بیشک میں ایسا کروں، تو اندھیر مچانے والوں سے ہو جاؤں O

۳۲. سب بولے "اے نوح، تم ہم سے بحثے تو بہت بحثے، تولے ہی آؤ: جس سے ہم کو ڈراتے ہو اگر سچوں سے ہو O

۳۳. جواب دیا کہ اس کو تو اللہ ہی لائے گا اگر اس نے چاہا، اور تم اس کے لئے روک نہیں ہو O

۳۴. اور نہ کام آئے گی تمہارے میری نصیحت اگر میں چاہوں کہ تمہیں نصیحت کروں۔ اگر اللہ یہ چاہتا ہے کہ تم اپنی گمراہی میں پڑے رہو، وہ تمہارا پروردگار ہے... اور اسی کی طرف لوٹائے جاؤ گے O

۳۵. کیا یہ سب کہتے ہیں، کہ گڑھ لیا ہے اس کو، جواب دو کہ اگر میں نے اسے گڑھ لیا ہے، تو مجھ پر میرا جرم ہے، اور میں دور ہوں جو تم جرم کر رہے ہو O

۳۶.   اور وحی کی گئی نوح کی طرف کہ بیشک ہرگز نہ مانیں گے تمہاری قوم سے مگر جو پہلے مان چکے ، تو تم کچھ فکر نہ کرو جو وہ کرتے رہے O

۳۷.   اور کشتی بنا ڈالو ہماری نگرانی میں اور ہمارے قاعدہ سے ۔ اور کچھ نہ کہنا مجھ سے ان کے بارے میں جو اندھیر مچا چکے ، بلاشبہ وہ غرق کر دئیے گئے O

۳۸.   اور وہ کشتی بنا رہے ہیں ۔ ۔ ۔ اور جب جب گزرے ان پر ان کی قوم کے چودھری ، تو ہنسی اڑانے لگے ان سے ۔ جواب دیا، کہ اگر مسخرا پن کر رہے ہو ہم سے ، تو بلاشبہ ہم بھی ہنسیں گے تم سے ، جس طرح تم ٹھٹھے لگاتے ہو O

۳۹.   تو جلد معلوم کر لو گے کہ کون ہے ، کہ آئے اس تک عذاب ، کہ اس کو رسوا کر دے اور اترے اس پر وہ عذاب جو قائم رہ جائے O

۴۰۔ یہاں تک کہ جب آ گیا ہمارا فرمان، اور جوش مارا تنور نے، ہم نے حکم دیا کہ لاد لو اس میں ہر ایک کے جوڑے، نر مادہ اور اپنے اہل و عیال کو، باستثناء ان کے جن پر بات پہلے طے ہو چکی، اور ان کو جو ایمان لا چکے۔ اور نہیں ایمان لائے ان کے ساتھی مگر تھوڑے O

۴۱۔ اور انہوں نے سب سے کہا، کہ "سوار ہو جاؤ اس میں، نام سے اللہ کے اس کا چلنا ہے اور ٹھہرنا ہے، بیشک میرا پروردگار۔ یقیناً مغفرت فرمانے والا بخشنے والا ہے O

۴۲۔ اور وہ چل رہی ان کے لئے ایسی موج میں جیسے پہاڑ... اور پکارا نوح نے اپنے بیٹے کو، جب کہ وہ تھا الگ، کہ اے بیٹا سوار ہو جا ہمارے ساتھ اور نہ رہ جا کافروں کے ساتھ O

۴۳۔ بولا کہ ابھی ابھی پناہ لیے لیتا ہوں کسی پہاڑ کی، جو مجھ کو بچا لے گا پانی سے۔ "جواب دیا، کہ نہیں بچانے والا ہے آج اللہ کے

قہرمان سے، مگر جس پر اسی نے رحم فرمایا،'' اور درمیان آ گئی ان دونوں کی موج، تو وہ ڈوبنے والوں سے ہو چکا تھا O

۴۴. اور فرمان صادر کیا گیا، کہ ''اے زمین نگل جا اپنے پانی کو، اور اے آسمان تھم جا،'' اور سکھا دیا گیا پانی، اور ختم کر دیا گیا معاملہ، اور ٹھہری کشتی جو دی پہاڑ پر، اور اعلان کر دیا گیا کہ دور ہوں اندھیر مچانے والے لوگ O

۴۵. اور پکارا نوح نے اپنے پروردگار کو، پس عرض کیا کہ اے میرے پروردگار، میرا بیٹا تو میرے اہل سے ہوا، اور تیرا وعدہ حق ہے، اور تو سب سے بڑھ کر حکم والا ہے O

۴۶. فرمایا ''اے نوح وہ تمہارے اہل سے نہیں ہے۔ بیشک وہ نا بکار ہے، تو وہ چیز نہ مانگا کرو جس کی تمہیں تحقیق نہ ہو۔ میں روکے دیتا ہوں تمہیں کہ نادانوں سے ہو O

۴۷۔   عرض کیا، "اے میرے پروردگار بیشک میں تیری پناہ چاہتا ہوں اس سے، کہ تجھ سے مانگوں جس کی مجھ کو تحقیق نہیں۔ اور اگر تو نہ بخش دے مجھ کو، اور رحم نہ فرمائے مجھ پر، تو میں ٹوٹے میں پڑنے والوں سے ہو جاؤں گا O

۴۸۔   فرمایا گیا "اے نوح اترو ہماری طرف سے سلامتی اور برکتوں کے ساتھ، تم پر بھی اور ان لوگوں پر جو تمہارے ساتھ ہیں۔ اور کچھ لوگ ہیں جنہیں ہم برتنے کا وقت دیں گے، پھر پہنچے گا انہیں ہماری طرف سے دکھ دینے والا عذاب O

۴۹۔   یہ غیب کی خبریں جو وحی فرماتے ہیں ہم تم تک، نہ تم ہی جانتے تھے اور نہ تمہاری قوم اس سے پہلے۔ تو صبر اختیار کرو۔ بیشک انجام کار ڈرنے والوں کے لئے ہے O

۵۰۔   اور قوم عاد کی طرف ان کی برادری کے ہود کو۔ پکارا کہ "اے میری قوم، پوجو اللہ کو، کوئی تمہارا معبود نہیں اس کے سوا۔ تم لوگ صرف گڑھنت والے ہو O

۵۱۔   اے میری قوم میں کچھ نہیں مانگتا تم سے اس پر اجر۔ نہیں ہے میرا اجر مگر اس پر جس نے مجھ کو پیدا فرمایا۔ تو کیوں بے عقلی کرتے ہو O

۵۲۔   اور اے میری قوم معافی مانگو اپنے پروردگار سے، پھر جھک پڑو اس کی طرف، وہ بھیجے گا آسمان کی بلندی سے تم پر برسنے والا، اور تمہاری قوت کو مزید قوت دے گا، اور نہ پلٹو مجرم ہو کر O

۵۳۔   سب بولے کہ اے ہود تم نہیں لائے ہمارے پاس روشن دلیل، اور ہم اپنے بتوں کو تمہارے کہنے سے چھوڑنے والے نہیں اور نہ ہم تم کو مانیں O

۵۴. ہم نہیں کہتے، مگر یہ کہ بری جھپٹ ماری ہے تم کو ہمارے کسی معبود نے''۔ جواب دیا کہ میرا اللہ گواہ ہے اور تم لوگ بھی گواہ ہو کہ میں بیزار ہوں، جس کو تم لوگ شریک بناتے ہو O

۵۵. اللہ کو چھوڑ کر، تو تم سب مل کر مجھ پر چوٹ کرو، پھر کچھ بھی مہلت نہ دو O

۵۶. میں نے بھروسہ کر لیا اللہ پر، میرا پروردگار اور تم سب کا پالنہار۔ کوئی چلنے والا نہیں مگر وہ پکڑے ہے اس کی چوٹی۔ بیشک میرا پروردگار سیدھی راہ پر ملتا ہے O

۵۷. پس اگر تم نے بے رخی کی، تو میں نے تو پہنچا دیا تم جس کے ساتھ میں بھیجا گیا ہوں تمہاری طرف، اور تمہاری جگہ لائے گا میرا پروردگار تمہارے سوا دوسروں کو، اور تم نہ بگاڑ سکو گے اس کا کچھ۔ بیشک میرا پروردگار ہر ایک کا نگہبان ہے O

۵۸۔ اور جب آ پہنچا ہمارا فرمان عذاب، تو بچا لیا ہم نے ہود کو اور جو ایمان لا چکے تھے ان کے ساتھ اپنی رحمت سے، اور بچا لیا ہم نے انہیں گاڑھے عذاب سے O

۵۹۔ یہ ہیں عاد... جنہوں نے انکار کر دیا اپنے پروردگار کی آیتوں کا، اور نافرمانی کی اس کے رسولوں کی، اور چلے ہر سرکش ہٹ دھرم کی چال O

۶۰۔ اور ان کے پیچھے لگا دی گئی اس دنیا میں لعنت اور قیامت کے دن۔ خبردار! عاد نے کفر کیا اپنے پروردگار سے۔ ہاں ہاں دور ہوں عاد، قوم ہود O

۶۱۔ اور ثمود کی طرف ان کی برادری کے صالح کو... انہوں نے تعلیم دی کہ اے میرے قوم پوجو جو اللہ کو، تمہارے کوئی معبود نہیں اس کے سوا۔ اسی نے تم کو مٹی سے بنایا، اور اس میں تم کو بسایا۔ تو

اس سے مغفرت چاہو، پھر اس کی طرف جھکو، بیشک میرا پروردگار قریب ہے دعا قبول کرنے والا ہے O

۶۲. سب لوگ بولے کہ اے صالح تم تو ہم میں امیدگاہ تھے اس سے پہلے، کیا تم ہم کو رو کتے ہو، کہ ہم پوجیں جس کو معبود مانا کئے ہمارے باپ دادے، اور ہم تو تردد میں ہیں اس سے جدھر تم ہم کو بلاتے ہو شک میں پڑے ہوئے O

۶۳. جواب دیا کہ اے قوم بتاؤ تو، کہ میں تو روشن دلیل پر ہوں اپنے پروردگار کی طرف سے، اور آئی ہے میرے پاس اس کی طرف سے رحمت، تو بچانے میں کون مدد کریگا میری اللہ سے، اگر کہیں میں نے نافرمانی کی اس کی... تو تم کچھ نہ بڑھا سکو گے مجھ میں بجز اپنے گھاٹے کے O

۶۴. اور اے قوم یہ اللہ کی اونٹنی ہے تمہارے لئے نشانی، تو اس کو چھوٹا رکھو کہ کھائے اللہ کی زمین میں اور اس کو مت چھونا برائی سے، کہ پکڑے تم کو نزدیک ہی عذابO

۶۵. تو ان لوگوں نے کوچیں کاٹ دیں اس کی، تو کہا صالح نے کہ رہ لو اپنے گھر میں تین دن، یہ وعدہ ہے، جھوٹ نہ ہوگاO

۶۶. پس جب آگیا ہمارا قہرمانی حکم، تو بچا لیا ہم نے صالح کو، اور جو ایمان چکے تھے ان کے ساتھ اپنی طرف سے رحمت کرکے، اور اس دن کی رسوائی سے۔ بیشک تمہارا پروردگار قوی غالب ہےO

۶۷. اور دھر پکڑا ان کو جو اندھیر مچا چکے تھے ایک سخت چنگھاڑ نے، تو پڑے رہ گئے وہ اپنے گھروں میں، سکڑے گھٹنوں پرO

۶۸. گویا ان گھروں میں کبھی رہے ہی نہ تھے۔ یاد رکھو کہ ثمود نے کفر کیا اپنے پروردگار سے، ہاں ہاں دور ہوں ثمودO

۶۹۔   اور بیشک لائے ہمارے کئی قاصد ابراہیم کے پاس خوشخبری، پہلے کہا اسلام۔ جواب دیا سلام، پھر کچھ ٹھرے نہیں، کہ لے آئے ایک بچھڑا بھنا ہوا O

۷۰۔   پھر جب دیکھا ان کے ہاتھوں کو کہ نہیں پہنچتا اس تک، تو بیگانہ جانا ان کو، اور دل ہی دل میں ان کی طرف سے پڑ گیا ڈر۔ سب نے کہا کہ ڈرئیے نہیں، ہم بھیجے گئے ہیں قوم لوط کی طرف O

۷۱۔   اور ان کی بی بی کھڑی ہنس پڑیں، تو خوشخبری دی ہم نے ان کو اسحاق کی، اور اسحاق کے بعد یعقوب O

۷۲۔   وہ بولیں منہ ہائے مصیبت، کیا میں جنوں گی، حالانکہ میں بڑھی ہوں اور یہ میرے شوہر بوڑھے ہیں۔ بیشک یہ تو انوکھی چیز ہے O

۷۳۔   ان سب نے کہا، کہ کیا تم کو اچنبھا ہے اللہ کے حکم سے؟ اللہ کی رحمت اور اس کی برکتیں تم پر ہیں اے اس گھر والو۔ بیشک وہ اللہ خوبیوں والا عظمت والا ہے O

۷۴.   پس جب دور ہو گیا ابراہیم سے خوف، اور آ گئی ان تک خوشخبری، تو ہم سے سوال پر سوال کرنے لگے، قوم لوط کے بارے میںO

۷۵.   بیشک ابراہیم ضرور بردبار، آہ و نالہ والے، اللہ کی طرف رجوع کرنے والے ہیں O

۷۶.   اے ابراہیم اس بات سے دور ہو۔ بیشک آ گیا تمہارے پروردگار کا حکم۔ اور بیشک ان پر عذاب آنے والا ہے جو واپس نہ ہو O

۷۷.   اور جب آ گئے ہمارے قاصد لوط کے پاس تو برا مانا انہیں، اور دل تنگ ہوئے ان سے بے حد، اور کہا کہ آج کا دن سخت ہے O

۷۸.   اور آئی ان کے پاس ان کی قوم بھاگ دوڑ کرتی۔ اور وہ پہلے ہی سے بدکاریاں کرتے تھے۔ لوط نے کہا کہ ''اے قوم، یہ میری

لڑکیاں ہیں، وہ تمہارے لئے صاف ستھری ہیں، تو اللہ کو ڈرو۔ اور مجھ کو میرے مہمانوں میں رسوا نہ کرو۔ کیا تم میں کوئی اچھی چال کا نہیں O

۷۹. سب بولے، کہ ''تم جان چکے ہو کہ ہمارا تمہاری بیٹیوں میں کوئی حق نہیں ہے۔ اور بیشک تم جانتے ہو جس کی خواہش ہم رکھتے ہیں O

۸۰. لوط نے کہا ''کاش میں تمہارے مقابل کی طاقت رکھتا، یا کسی مضبوط پایہ کی پناہ میں ہوتا O

۸۱. ہمارے قاصد بولے ''کہ اے لوط، ہم تمہارے پروردگار کے قاصد ہیں، یہ نہیں پہنچ سکتے تم تک، تو لے جاؤ اپنے گھر والوں کو شبا شب، اور نہ پیٹھ پھیرے تم میں سے کوئی، مگر تمہاری بی بی، اس کو وہی پہنچنے والا ہے جو ان سب کو پہنچا۔ بیشک ان کے وعدہ کے وقت صبح ہے، کیا صبح نزدیک نہیں؟ O

۸۲. توجب آگیا ہمارا قہرمانی فرمان، توکر دیا ہم نے اس کو تہہ و بالا، اور برسایا ان پر پتھریلے ٹکڑے کنکر کے... لگاتار O

۸۳. نشان دیئے ہوئے تمہارے پروردگار کے یہاں۔ اور نہیں ہیں وہ پتھر ان اندھیر مچانے والوں سے کچھ دور O

۸۴. اور مدین کی طرف ان کی برادری کے شعیب کو۔ انہوں نے پیغام دیا کہ اے قوم اللہ کو پوجو، اس کے سوا تمہارا کوئی معبود نہیں۔ اور مت کمی کرو ناپ اور تول میں۔ میں درحقیقت تم کو دیکھ رہا ہوں فراغت کے ساتھ۔ اور مجھے واقعی ڈر لگتا ہے تم پر گھیرا ڈالنے والے دن کے عذاب کا O

۸۵. اور اے قوم پورا رکھو ناپ اور تول کو انصاف سے اور نہ کم دیا کرو لوگوں کو ان کی چیزیں، اور نہ پھرو زمین میں فساد مچاتے O

۸۶. اللہ کے دین سے جو بچ رہا تمہارے لئے بہتر ہے، اگر مانو... اور نہیں ہوں میں تم پر پہرا دینے والا O

۸۷۔ سب بولے ''اے شعیب کیا تمہاری نماز تم کو حکم دیتی ہے کہ ہم چھوڑ دیں، جس کو معبود بنائے تھے ہمارے باپ دادے، یا اس کو کہ ہم کیا کریں اپنے مال میں جو چاہیں۔ بجا ہے تمہیں، بڑے مآل اندیش معاملہ دار ہو O

۸۸۔ جواب دیا کہ ''اے میری قوم بھلا تمہیں بتاؤ میرا کام، اگر میں روشن دلیل پر ہوں اپنے پروردگار کی طرف سے، اور اس نے دی مجھے اپنے کرم سے اچھی روزی۔ اور میں نہیں چاہتا ہوں کہ خود خلاف چلوں اس طرف جس سے تم کو روکتا ہوں۔ میں نہیں چاہتا مگر دوستی کو جو ہو سکے۔ اور نہیں ہے میری توفیق مگر اللہ سے۔ اسی پر میں نے بھروسہ کیا، اور اسی کی طرف رجوع کرتا ہوں O

۸۹۔ اور اے میری قوم نہ ابھارے تم کو میری دشمنی، کہ مصیبت آ پڑے تم تک، جس طرح مصیبت پڑی قوم نوح، یا قوم ہود، یا قوم صالح پر، اور قوم لوط تم سے دور نہیں ہیں O

۹۰۔ اور معافی مانگو اپنے پروردگار سے، پھر جھک پڑو اس کی طرف۔ بیشک میرا پروردگار بخشنے والا پیار فرمانے والا ہے O

۹۱۔ سب بولے کہ اے شعیب ہم سمجھتے ہی نہیں بہت سی تمہاری کہی باتوں کو، اور واقعہ یہ ہے، کہ ہم تم کو اپنے میں دیکھ رہے ہیں کمزور۔ اور اگر تمہارا قبیلہ نہ ہوتا، تو ہم نے تم پر پتھراؤ کر دیا ہوتا۔ اور تم ہمارے طور پر عزت والے نہیں ہو O

۹۲۔ جواب دیا کہ ''اے میری قوم، کیا میرا قبیلہ زیادہ عزت دار ہے تمہارے طور پر اللہ سے، کہ تم لوگوں نے اس کو پیٹھ پیچھے ڈال رکھا ہے۔ بیشک میرا پروردگار تمہارے سب کئے کو گھیرے ہے O

۹۳۔ اور اے میری قوم تم اپنی جگہ اپنا کام کرو، اور میں اپنا کام کروں جلد ہی جان لو گے کہ کس پر آتا ہے عذاب جو اس کو رسوا کر دے، اور کون جھوٹا ہے اور تم لوگ انتظار کرو، اور لاریب تمہارے ساتھ میں بھی منتظر ہوں O

۹۴۔   اور جب آ گیا ہمارا قہر مانی حکم ، بچا لیا ہم نے شعیب کو اور جو مان چکے تھے ان کے ساتھ ، اپنی رحمت سے اور پکڑ لیا ان کو جو اندھیر مچا چکے تھے چنگھاڑنے ، تو ہو گئے اپنے گھروں میں گھٹنوں پر جھکے پڑے O

۹۵۔   گویا رہے ہی نہ تھے اس میں ۔ خبردار! دور ہوں مدین ، جیسے دور ہوئے ثمود O

۹۶۔   اور بتحقیق بھیجا ہم نے موسیٰ کو اپنی نشانیوں اور روشن سند کے ساتھ O

۹۷۔   فرعون اور اس کے سرداروں کی طرف ، تو سب نے پیروی کی فرعون کے حکم کی ، اور فرعون کا کاروبار ٹھیک نہ تھا O

۹۸۔   آگے آگے ہو گا اپنی قوم کے قیامت کے دن ، پھر جھونک دیا ان سب کو آگ میں ۔ اور وہ بہت برا اترنے کا گھاٹ ہے O

99. اور پیچھے لگا دی گئی ان کے اس دنیا میں لعنت، اور قیامت کے دن، بری جزا ہے جو دی گئی O

100. یہ ہیں آبادیوں کی خبریں جو ہم ظاہر کر رہے ہیں تم پر۔ ان میں بعض نشان رکھنے والی ہیں اور بعض کٹی کھیتی ہیں O

101. اور ہم نے ظلم نہیں کیا ان کا، لیکن انہوں نے خود اپنا ظلم کیا۔ تو کام نہ آئے ان کے، ان کے سارے معبود، جن کو پکارتے تھے اللہ کو چھوڑ کر کچھ بھی، جب آ گیا تمہارے پروردگار کا حکم عذاب۔ اور نہ بڑھی انہیں ان کی ہلاکت کے سو O

102. اور اسی طرح ہے تمہارے پروردگار کی پکڑ، جب پکڑا آبادیوں کو کہ وہ اندھیر نگری ہیں۔ بیشک اس کی پکڑ سخت دکھ والی ہے O

۱۰۳۔ بیشک اس میں سبق ہے اسے جو ڈر گیا آخرت کے عذاب کو۔ یہ دن ہے جس میں سب لوگ اکٹھے کئے گئے، اور یہ دن حاضری کا ہے O

۱۰۴۔ اور ہم نہیں مہلت دیتے اس میں، مگر گنتی کی مدت کے لئے O

۱۰۵۔ وہ جس دن آئے گا، تو کوئی بول نہ سکے گا، مگر اس کے حکم سے، تو ان میں کچھ بد بخت اور کچھ نیک بخت ہیں O

۱۰۶۔ تو جنہوں نے بد بختی کی، وہ آگ میں پڑے، ان کا اس میں گدھے کی آواز کا چڑھاؤ اتار ہے O

۱۰۷۔ ہمیشہ رہنے والے اس میں، جب تک ہیں سارے آسمان اور زمین، مگر جس قدر چاہا تمہارے پروردگار نے۔ بیشک تمہارا پالنہار کر گزرتا ہے جو چاہے O

۱۰۸۔ اور جو نیک بخت کئے گئے وہ جنت میں ہیں، اس میں ہمیشہ رہنے والے، جب تک کہ سارے آسمان اور زمین ہیں، مگر جتنا چاہا تمہارے پروردگار نے۔ عطا ہے انمٹ ⃝

۱۰۹۔ پس تم کسی دھوکے میں نہ آؤ اس سے جس کو یہ لوگ معبود مانیں۔ یہ سب معبود نہیں بناتے مگر جس طرح معبود بناتے رہے ان کے باپ دادا پہلے سے، اور بیشک ہم ضرور انہیں پوری طرح ان کی قسمت کا حصہ دیں گے بے گھٹائے ⃝

۱۱۰۔ اور بیشک دیا ہم نے موسیٰ کو کتاب، پھر اس میں جھگڑا نکالا گیا، اور اگر نہ ہوتی ایک بات پہلے سے تمہارے پروردگار کی طرف سے، تو ضرور ان کا فیصلہ کر دیا جاتا۔ اور در حقیقت وہ لوگ تردد میں پڑے شک کرنے والے ہیں ⃝

١١١.   اور واقع میں سارے کے سارے، دیتے وقت ضرور پوری جزا دیگا انہیں تمہارا پروردگار ان کے اعمال کا۔ بیشک اس ان سب کے کرتوت کی خبر ہے O

١١٢.   تو مضبوط جم جاؤ جیسا کہ تمہیں حکم دیا گیا ہے، اور جنہوں نے توبہ کر لی تمہارے ساتھ، اور تم لوگ سرکشی نہ کرو، بیشک وہ جو کرو دیکھنے والا ہے O

١١٣.   اور نہ جھکو ان کی طرف، جو اندھیر مچا چکے، کہ چھولے تم کو آگ۔ اور نہیں ہیں تمہارے کام کے یہ، اللہ سے الگ بنائے ہوئے حمایتی، پھر تمہاری مدد نہ کی جائے گی O

١١۴.   اور پابندی کرو نماز کی، دن کے دونوں سروں پر اور کچھ رات آنے پر۔ بیشک نیکیاں دور کر دیتی ہیں برائیوں کو۔ یہ نصیحت ہے، نصیحت قبول کرنے والوں کے لئے O

۱۱۵.　اور صبر کرتے رہو، کہ "بیشک اللہ ضائع نہیں کرتا مخلصوں کی مزدوری کو O

۱۱۶.　توکیوں نہ رہا کیئے تم سے پہلے زمان والے کے بچے بچائے، کہ روکیں زمین میں فساد مچانے سے، مگر چند، جن کو ہم نے ان سے بچا دیا۔ اور پیچھے لگے رہے اندھیر والے ان کو جو وسعت دی گئی اس میں، اور ہو گئے جرائم پیشہ O

۱۱۷.　اور تمہارا پروردگار نہیں ہے کہ ہلاک کر دے آبادیوں کو اندھیر کر کے، حالانکہ آبادی والے درست ہیں O

۱۱۸.　اور اگر تمہارا پروردگار چاہتا، تو بنا دیتا لوگوں کو ایک عقیدہ والا۔ اور ہمیشہ ہی جھگڑتے رہیں گے O

۱۱۹.　مگر جسے رحم کر دیا تمہارے پروردگار نے، اور اسی لیئے پیدا فرمایا ہے ان کو۔ اور پوری ہو چکی تمہارے پروردگار کی بات، کہ ضرور بھر دوں گا جہنم کو جن اور انسان سب سے O

۱۲۰.   اور سارے ظاہر کیے دیتے ہیں ہم تم پر سب رسولوں کے واقعات، کہ تھام لیں ہم اس سے تمہارا دل۔ اور آ گئے تمہارے پاس اس میں ٹھیک واقعات، اور پند و نصیحت ماننے والوں کے لئے O

۱۲۱.   اور کہہ دو جو نہ مانیں، کہ اپنی جگہ پر تم اپنا کام کرو، ہم اپنا کام کرتے ہیں O

۱۲۲.   اور تم بھی راہ دیکھو، بیشک ہم بھی راہ دیکھتے ہیں O

۱۲۳.   اور اللہ ہی کے لئے ہے آسمانوں اور زمین کا غیب، اور اسی کی طرف لوٹائے جائیں گے سارے کام، تو اس کو پوجو اور اس پر بھروسہ رکھو۔ اور نہیں ہے تمہارا پروردگار غافل تمہارے کاموں سے O

***